用心守望成长：
同济大学 2011—2020 年学生工作案例集

刘润　陈城　编

同济大学出版社
TONGJI UNIVERSITY PRESS

图书在版编目（CIP）数据

用心守望成长：同济大学 2011—2020 年学生工作案例集 / 刘润，陈城编 . -- 上海：同济大学出版社，2022.7

ISBN 978-7-5608-9972-5

Ⅰ. ①用… Ⅱ. ①刘… ②陈… Ⅲ. ①同济大学－学生工作－案例－ 2011-2020 Ⅳ. ① G645.5

中国版本图书馆 CIP 数据核字（2022）第 021933 号

用心守望成长：同济大学 2011—2020 年学生工作案例集

刘润　陈城　编

责任编辑　卢元姗　　责任校对　徐春莲　　封面设计　张微

出版发行　同济大学出版社　www.tongjipress.com.cn

（地址：上海市四平路 1239 号　邮编：200092　电话：021-65985622）

经　　销　全国各地新华书店

印　　刷　苏州市古得堡数码印刷有限公司

开　　本　787mm × 1092mm　1/16

印　　张　14.5

字　　数　362 000

版　　次　2022 年 7 月第 1 版

印　　次　2022 年 7 月第 1 次印刷

书　　号　ISBN 978-7-5608-9972-5

定　　价　68.00 元

编委会

主　编：刘　润　陈　城

副主编：崔　莹　方　璐

编　委：（按姓氏笔画）

马林海　马　通　王小莉　王娇楠　方雅静　石　婧　刘　谦
严长征　李　博　李　睿　李　慧　杨秋华　杨璐柳婷
吴双磊　张小凡　张南华　金文心　赵云皓　赵　盈　姚玉红
徐　迅　徐纪平　徐晓颖　徐翠婷　殷娣娣　章秀明　葛　畅
蒋哲宇　臧蓓华

序
Preface

“思想政治工作是一切工作的生命线。”高校思想政治工作关乎高校办学方向和育人根本，我们要深刻领会思想政治工作生命线的内涵，筑牢新时代高校思想政治工作生命线。当前，正逢世界百年未有之大变局，中国特色社会主义高校不是遗世独立的象牙塔，而是社会思潮交锋碰撞的前沿阵地。如何进一步强化青年大学生的“四个意识”，如何更好地为大学生扣好人生第一颗扣子，并在大学生心中种下真善美的种子，从而引导青年学子爱祖国、爱人民、爱自己，如何进一步坚定大学生的“四个自信”，在全球化的国际浪潮中讲好中国故事，发出中国声音，这是高校思想政治工作者应有的问题意识。

高校辅导员是开展大学生思想政治教育的骨干力量，是学生日常思想政治教育和管理工作的组织者、实施者和指导者。辅导员要做好学生工作，不仅需要储备扎实的专业理论知识，更需要积累丰富的工作经验。《用心守望成长：同济大学 2011—2020 年学生工作案例集》中收录的 68 个案例，既是对同济大学近十年学生工作案例的回顾和总结，也为辅导员们开展工作提供方向指引，以期成为辅导员们案头的“手边书”。本书集合了同济大学一线辅导员的真实工作案例，通过生动鲜活的案例分享，梳理工作思路，分享工作方法，总结工作要义，从思想政治教育、学生骨干培养、日常事务管理、职业生涯教育、心理健康教育、网络思政教育、危机事件应对等方面为辅导员相关工作开展提供实践借鉴。

高校辅导员是马克思主义思想传播者，确保党的事业后继有人和社会主义事业兴旺发达是辅导员的使命与担当。如何把马克思主义思想传播给学生，让学生用马克思主义的世界观和方法论分析并解决实际问题，是高校辅导员高质量开展思政教育工作的核心议题。所谓亲其师，然后信其道。本书凝聚以学生为本的工作理念，站稳学生立场，“想学生之所想，急学生之所急，盼学生之所盼”，以服务学生成长成才牵引学生听党话、跟党走的价值引导与政治引领，以做深做实做细的思政模式确保立德树人求精求细求真。

教育事业发展关乎国之大计、党之大计。“思想政治工作从根本上说是做人的工作”，高校思政工作的开展不仅要有宏观布局与政治高度，还要有理论厚度、逻辑深度与关怀温度。本书本着“只给方向、不给画框，只给启示、不给答案，只给样例、不给模板”的原则，基于一线辅导员的工作实录精心编排而成，致力于探究思政工作规律、教育教学规律、人才成长规律，全景展示“因事而化、因时而进、因势而新”的思政教育过程与方法，让辅导员的实际工作开展在隔空对话中有借鉴、有参考、有对照，使他们能够高质量地培养担当民族复兴大任的时代新人，培养德智体美劳全面发展的社会主义建设者和接班人，为党育人，为国育才。

笔者由衷地希望，本书的出版能为高校辅导员从思想深处引导青年、打动青年、赢得青年提供方法论的参考，能为总结新时期高校思政教育新模式、新方法、新路径、新规律的理论生成提供实践的素材支撑。

如上为序，立德树人，继往开来，接续奋斗。

彭震伟

2022 年 1 月

目　录
Contents

第二章　思政细胞激活与学生骨干培养

第三章　日常事务管理

第四章　创新创业与职业生涯教育

第五章 心理健康教育与咨询

第六章　网络思政教育

第七章　危机事件应对

第一章　思想政治教育

重视学生需求，创新活动形式，增强组织认同
——如何调动学生党员参与支部建设活动的积极性

【案例介绍】

辅导员小张是某学院三年级某班的学生党支部书记，负责班级学生党支部建设和发展党员工作。小张和两位支委策划了多项学生党支部活动。

诸多活动伊始，整体情况较好，出席率和参与度都达到 80%。但几次活动之后，小张发现部分同学总会找一些理由请假，在开展集体学习重要文件时，部分参加活动的同学也显得心不在焉：或低头玩手机，或闭目养神。小张在会上点名提醒，散会后对相关同学进行谈话教育。起初这样的现象有所好转，但一段时间后又会反复出现。

小张向一些同学询问缺席的原因。部分同学表示组织的活动内容相对枯燥，对学习文件不感兴趣。更有一些同学认为，党支部活动和组织生活占用了他们太多的学习时间。小张耐心地向他们强调，参加党支部活动和组织生活是党员的义务，要求同学们不再随意请假。

不久，小张发现支委也开始以学业繁忙为由推托布置的工作，于是辅导员小张经常一个人策划、组织活动。小张自己也感到工作繁忙，无心花精力策划，有时候只能按照基本要求敷衍完成。学生党支部建设失去了应有的作用，学生党员的积极性也逐渐消失殆尽。

【关键词】学生党员，学生党支部，支部建设

【案例解读】

随着时代变迁，新一代青年的习惯和偏好发生了明显的变化，但学生党建工作以及基层党支部建设却未跟上变化，与当下学生党员的个性不相适应。本案例中，学生党支部建设因缺少合适的组织形式和教育引导，无法真正做到入脑、入心。

1. 工作难点

（1）以往传统的学生党建活动和支部建设强调理论学习，主要以传达相关文件精神和自主学习相关文件为主，但新时代互联网和新媒体带来的快速、碎片、动态化的阅读体验使大部分青年认为这种形式的学习枯燥，不愿意花时间、花精力投入其中，久而久之参与活动的积极性大大降低。

（2）辅导员小张作为学生党支部书记，虽尝试和同学沟通，了解不热情学习文件的具

体原因，但没有发现问题的关键并及时做出调整。显然，简单地以党员义务进行说教，部分学生并不“买账”，反而容易产生抵触心理，从而推托和逃避。

（3）案例中的辅导员小张、支委、学生党员，都把开展支部建设活动和组织生活当作上级安排的任务，没有充分发挥全体支部成员的主观能动性。一旦支部书记和支委思想有所松懈，支部建设活动和组织生活的质量就会迅速下降，加剧学生党员对支部建设活动和组织生活失去兴趣。

2. 工作思路

（1）要把握好学生党支部特色工作的内在含义。学生党支部特色工作是建立在贴近生活、符合实际的基础上开展的。因此，在保证“加强本支部凝聚力，提升党员党性修养”的基本党员活动宗旨的基础上，要充分结合学生党员自身专业，增强学生党员的学习积极性。例如：工科学生可以结合国内重大工程、技术突破背后的故事，提升学生党员的民族自豪感和使命感；医科学生可以结合重大疫情防治工作中的感人故事、医德仁心事迹等进行感恩教育；文科学生可以就相关文学作品、语言文化、社会热点等，转化出各式各样的表演及讨论。

（2）要在尽可能保证活动质量的前提下，找寻多元化的表现形式和互动参与感，调动学生党员参与的积极性。例如：采用辩论或是答题竞赛的形式，对热点话题进行充分的学习交流和讨论思考；参观红色教育基地时，分配现场讲解的小任务，寓教于乐；适当引入支部活跃度排名、支部学习积分卡等具有激励作用的小点子，提高支部活跃度和参与率。

（3）还要定期开展谈心谈话，准确把握学生党员在组织、参与支部建设过程中的实际诉求和关心热点，并帮助他们解决实际困难，强化支部的凝聚力，让学生党员深刻感受到组织的温暖。同时要根据掌握的信息，认真考虑和制定每期党支部活动的主题，尽可能贴近实际、贴近生活、贴近个人。

3. 对策、建议及反思

（1）支部带得好不好，支部书记的“火车头”效应很重要。因此在支部建设初期，要用心选拔有担当、素质好的辅导员或学生骨干担任支部书记，组建可靠的支委班子，经常关注他们的思想状态和学习压力。同时注重对学生党员骨干的培养，实现骨干队伍的持续接力。此外，要注重考察学生的政治素养，杜绝不合格党员。

（2）辅导员在开展党支部建设时，除关注少数关键学生党员外，还应充分调动党支部全体学生党员的积极性，在把握支部活动主体方向和规定动作的前提下，尽可能地让学生党员发挥主观能动性。例如：建议在策划支部活动时，可以采用分组轮值负责的方式，适当减轻支委班子的工作压力，提高支部的管理效率和续航能力，进一步提高学生党员参与支部建设的积极性，真正让学生党员把党支部当成自己参与政治生活的重要平台。

【参考文献】

[1] 潘勇，胡艳秋，耿靖 . 高校学生党支部建设问题与活力提升研究 [J]. 党史博览，2019（10）.

[2] 卢军霞，刘翔 . 高校学生党支部组织生活有效性研究 [J]. 思想教育研究，2012（9）.

（孙羽捷　土木工程学院）

信仰助力起航

——如何提升学生党员的政治修养

【案例介绍】

小郭从小学开始成绩就非常优秀，是班里第一批加入少先队、共青团的学生。进入大学，她即向党组织递交了中国共产党入党申请书，希望能早日加入中国共产党。不久，由于小郭各方面表现都很优秀，支部便把她列入了党员发展计划。

正当党组织要对小郭进行进一步培养的时候，小郭提出了暂缓发展入党申请。她计划毕业后出国留学，在参加了英语培训班的同时，加入了教授的课题研究组。再加上这学期作业多、课程难，小郭担心入党积极分子培训会占用她的学习时间。在支部书记的鼓励下，小郭终于完成了入党积极分子培训课程。在被确定为党员发展对象时，她又以同样的理由来找支部书记。在支部书记的再次鼓励下，小郭坚持下来并在大三上学期成为一名预备党员，但在支部号召党员发挥模范作用，开展学业结对帮扶活动时，小郭先以忙为借口推诿，后勉强承担起了工作，活动效果却大打折扣。

【关键词】学生党员，参与积极性，政治修养

【案例解读】

学生党员往往成绩优秀，努力目标明确，自我要求高。案例中的小郭认为只有学习好才是最重要的，每当遇到需要占用学习时间的情况时，小郭就会抵触。因此入党路上的困难被无限放大，甚至被置于“学习和留学”的对立面。

1. 工作难点

（1）像小郭这类同学很容易被扣上“精致的利己主义者”的帽子，因为她看上去“两耳不闻窗外事”，“只关心自己的成绩好不好，能不能申请到名校”。如果不注重小郭的一贯表现，不综合考察她对周围同学的态度，难免会认为她不具备成为一名党员的条件。事实上，小郭对党组织有很强的政治认同，愿意花“可控”的时间去辅导同学功课，愿意做好事，这一点难能可贵。在日常工作中，要善于甄别出这类群体，通过后期的教育培养，引导其成为合格党员。

（2）在对小郭进行政治教育之前，首先要帮助小郭解决燃眉之急。小郭为什么一直处

于对未来的不安之中？为什么她在遇到困难时，意志很容易动摇？正因为她把目标看得太重，付出了太多的努力，所以一旦结果与预期不相符，小郭就很容易陷入焦虑，甚至绝望。

（3）小郭在某些时刻认为入党与学习是非此即彼的矛盾关系，陷入“想要入党→学习成绩好→培训和组织活动会影响学习成绩→不能入党”的死循环，这也是在很多优秀学生身上出现的共性现象。针对这种情况，要加强理想信念教育，端正学生入党动机，让党员身份成为学生进取向上的精神力量，让党组织成为学生成长、成才的可靠舞台。

2. 工作思路

（1）政治修养是党员的第一修养。政治修养的养成离不开个人在社会政治生活中进行的自我锻炼、自我改造。政治修养越高，参与政治活动和履行政治义务的自觉性就越高。辅导员在党员教育培训中要突出思想入党，要注重党员的政治认同与政治品格教育。

（2）在与小郭谈话时，辅导员首先要疏导和安抚小郭的焦虑情绪，消除其忧虑，对她的努力和已经取得的成绩进行肯定。帮助小郭分析她当前面临困难的本质，引导她面对可能出现的“坏结果”。帮助她学会时间管理的基本方法，整理工作清单。总之，先解决燃眉之急。

（3）帮助小郭重新审视她的奋斗目标。案例中短期目标是留学出国，那么留学毕业之后做什么呢？辅导员应从人生意义与价值的层面帮助学生树立人生目标，引导学生进一步端正入党动机，把理想信念教育与个人未来发展相结合，鼓励学生树立为国效力和为民服务的远大志向，用典型故事激励学生在挫折中成长。组织上入党一生一次，思想上入党一生一世。党员意味着一种奉献，一种情怀，一种责任。用身边党员模范故事激励学生直面挑战，用实际行动向党组织靠拢。

（4）针对“入党与留学”对立这一点，可以引用职业生涯规划中“能力”的理论，启发学生认识到一个人的能力不仅仅包括专业技能，还包括可迁移技能和自我管理能力，鼓励学生在大学中不断提升自己的软实力，在支部工作中锤炼自己。

（5）加强党支部的政治理论学习，培养支部党员用马克思主义唯物辩证法与历史唯物观看待、分析问题的能力，认清问题的本质；学习习近平新时代中国特色社会主义理论，深入了解国家社会发展的现状；通过时事热点讨论，激发学生的学习兴趣，培养学生的大局观，从根本上提升学生党员的政治修养。

3. 对策、建议及反思

（1）从思想特征来看，人们在某一时期内形成的思想并不是一成不变的，而是会随着环境变化、自我反思而改变。政治修养不是与生俱来的，必须经过长期的锤炼。对学生党员而言，政治修养教育既要常抓不懈，又要常抓常新。既要善于采用具有启发性、个性化的教育方式，又要做到因人而异、因势利导、因事而化。

（2）辅导员肩负着引导学生树立共产主义远大理想和中国特色社会主义共同理想，增强学生中国特色社会主义道路自信、理论自信、制度自信、文化自信的责任，要将思政工作融入日常与学生的交往中，及时回应学生成长过程中遇到的困惑，有效运用问题导向和热点切入的方法，培养一批是非面前分得清、名利面前放得下、关键时刻靠得住的学生党员。

（李杨帆　数学科学学院）

“1+4”网格化机制促党员作用发挥
——如何发挥党员的先锋模范作用

【案例介绍】

为了促进高校学生党员发挥先锋模范作用，汽车学院基于高年级本科生党支部特点，面向新生、学业困难学生、学生创新团队和学生社区，推出了以“朋辈教育”为主要形式的思政教育，构筑理论学习、学业帮扶、学生科创、社区成长 4 个网格化模块小组，形成“1+4”网格化学生党员模范引领机制。此举加强了高年级优秀学生党员与低年级学生的联系，解决学生成长过程中的实际问题，培养全面发展的社会主义建设者和接班人。同时探索常态化学生党员先锋模范作用发挥机制并进行推广，真正将学生党员先锋模范发挥工作落在实处。

【关键词】党员作用，网格化机制，先锋模范

【案例解读】

高年级本科学生党支部是学院学生党员先锋模范作用发挥的重要力量，但受年级和发展时期主要任务的限制，高年级本科学生党支部往往在支部工作上投入不足，未能有效发挥应有的作用。因此，本案例侧重于探讨该时期学生党员群体的特点，挖掘其优势，将其能力优势与低年级学生需求相结合，量体裁衣，探索学生党员先锋模范作用发挥的个性化模式。

1. 工作难点

（1）受个人毕业、求职方面的压力，本科高年级学生党员呈现出工作积极性不高、服务意识淡薄、行动方向个人化的思想和行为特点，缺乏明确的服务方向和持续主动服务的动力。

（2）本科高年级学生党员在学习、生活方面具有丰富的积累，是开展“朋辈教育”的重要资源和力量。但目前，学生党员先锋模范作用的发挥仍采取报告会、先进典型宣传等相对传统的形式，未完全实现与学生发展同场域、同频率、同成长。

2. 工作思路、具体措施及效果

（1）工作思路

保证学生党员发挥先锋模范作用的主体地位。转变本科高年级学生党员因学生身份特

殊性和发展时期限制而造成被管理、被领导、被教育的地位，让学生党员较大程度上实际参与党内事务和支部管理，从群体特性出发，设计工作内容，充分体现党员主体的意志。

创新学生党员发挥先锋模范作用的教育形式。提升分析问题、解决问题实践性教育在教育中的比重，设计符合被引领学生需求的教育形式。

搭建学生党员发挥先锋模范作用的实践平台。让学生党员的先锋模范作用具体而实在，推荐本科高年级学生党员在各类学生组织中担任职位，为学生创造学以致用的机会。培养集体主义思想和奉献精神，真正做到受教育、做贡献、长才干。

构筑学生党员发挥先锋模范作用的监督机制。召开情况通报会，实施学生党支书和党员考评体系，有效帮助学生党员不断改进工作方法、提高能力、规范行为。

（2）具体措施及效果

学生党员是学生群体中的先进分子、中坚力量。汽车学院本科生第一党支部以高年级学生党员为主体，主动思考，开拓思路，结合本科高年级学生党员特色，为支部学生党员搭建全方位服务同学的平台，构筑基于政治理论学习、专业知识学习、学生科技创新、社区日常管理等模块的“1+4”网格化学生党员模范引领机制。同时，“1+4”网格化模块中的工作成效作为党员和支部考核重要指标，用以检验学生党员先进性，有效督促学生党员在各类学生群体中先锋模范作用的发挥。

“1+4”党章学习小组在政治上树表率。汽车学院本科生第一党支部以“‘1+4’学习同行，初探入党启蒙新模式”党章学习小组为主要形式，帮助低年级本科生真切地感受到身边存在的共产党员的先锋模范作用，激励低年级本科生以党员学兄学姐为榜样，培养低年级学生的入党积极性与主动性。在党章学习小组学习开展两个月后，2018 级本科生申请入党比例由 23.33% 提高至 43.3%，同时有大量学生表达了积极加入中国共产党的意愿，其余学生也表示会向各位学兄学姐学习，强化自己的知识学习与技能培养，为祖国汽车行业发展贡献力量。

“1+4”学习互助小组在学习上立楷模。汽车学院本科生第一党支部针对高年级在学习方面存在困难的重点学生设立“1+4”学习互助小组，开展互帮互学活动，消除因个别化自主学习带来的诸多困难。基于互助小组，1 名学生党员带领 4 名重点学生根据学期开设课程情况，制订切实可行的“学习互助小组活动”计划；根据教学进程和教学内容进行专题讨论、答疑、社会调查等活动；利用党支部资源互通学习信息和资料，交流心得体会；帮扶对象的学习成绩作为党员学生民主评议重要内容，敦促学生党员切实发挥先锋模范作用。学生党员在“学习性”上充分发挥“示范功能”，形成了“从众从优”的学风示范效应。

“1+4”车队党员小组在创新上争标兵。汽车学院本科生第一党支部利用高年级学生党支部优势，设立科技创新团队党员标兵岗，让每个学生党员（含部分优秀入党积极分子）成为 1 个“点”，串起 4 人创新团队“线”，利用科研时间传递“工匠精神”，善用休息时间开展政治理论学习，辐射带动科创团队积极向党组织靠拢，这就是“面”。小组科创进展作为支部生活会汇报重要议题，激发支部成员动力。“X+4”车队党员小组让科创团队天然的“传帮带”体系更为紧密，科创团队优秀做法和党支部优良传统有效传承，推动党建工作和学生科技创新任务相互促进。

“1+4”寝室走访小组在生活上当模范。汽车学院本科生第一党支部自 2018 年起面向全院大二学生开展“1+4”寝室走访小组工作。该活动覆盖学生大二一学年，按照“专业兴趣对口、性别相同、1 名支部同志联系 1 个宿舍 4 名同学”的方法，把学生党员（含部分优秀入党积极分子）分派到学生社区，开展联系、走访和帮教工作。通过该工作的持续深入开展，普通学生生活方面的问题有了倾诉渠道，学生党员的先锋模范带头作用延伸至学生社区，学院“三全育人”工作的开展得到了重要补充。

3. 对策、建议及反思

发挥先锋模范作用是党组织对党员的基本要求及党员先进性的集中体现，同时也是大学生党员的光荣使命和时代责任。为了更好地发挥大学生党员的先锋模范作用，需要从以下方面进行思考。

首先，需量体裁衣，考虑支部学生党员的自身优势与面向对象发展群体的需求，做到“供需”匹配；其次，需激发动力，让构思源于学生党员自身，让成果带动学生党员成就感；最后，需配套监督，所有学生党员先锋模范作用发挥的成效要作为党员评价的重要指标，使工作实现闭环，让工作落到实处。

（李红　汽车学院）

着眼四个维度，增强学生认同

——如何有效开展入党启蒙教育

【案例介绍】

学生小王是大学新生。他的哥哥告诉他，大学期间要积极加入党组织，以便有更多的机会与学兄、学姐、老师交流、学习，也能更好地促进自己进步与成长。于是，小王早早查阅了入党申请书的撰写要求，提前写好了入党申请书，在入学报到的当天就向辅导员正式递交。

某天，小王偶然间听到有同学在议论自己，他发现同学们对他刚开学就递交入党申请书之举不太认同。有同学认为在学校要以学业为主，入党浪费时间，身边的学生党员毕竟是少数，党员、党组织在生活中发挥不了什么作用，甚至有同学觉得小王心思太重，递交入党申请书就是为了与老师套近乎。小王觉得心情无比低落，仿佛自己做错了什么，以至于开始质疑自己递交入党申请书的行为。

有一天，小王在与联系人谈心的过程中，坦诚了自己的感受与想法。此后，在学长和学院老师的定期关心和支持下，小王通过阅读理论书籍、参加党员志愿服务和实践参观活动等，逐渐加深自己对中国共产党和共产党员的了解，亲历身边优秀共产党员发挥模范带头作用，明白递交入党申请书是关乎信仰的重要选择。最终，小王从党组织活动的参与者成长、历练为活动的组织者，成为党组织在学生中的“宣讲员”，被推选为学院学生党支部书记。

【关键词】入党启蒙，学生认同，思想政治教育

【案例解读】

该案例属于思想政治教育类案例，核心是解决学生理想信念等方面的问题。案例主体，即本科新生，是高校入党启蒙教育的重要目标群体，具有思维发展尚不成熟、容易受外界影响和干扰的特点，存在对马克思主义理论缺乏足够认识和深度思考的情况。案例中有几个关键点需要引起注意：第一，小王递交入党申请书的初衷是追求进步，对党的基本理论、基本知识学习和掌握还不够，缺乏认知基础，尚未形成坚定的共产主义信念；第二，小王身边的同学入党意愿较低，存在思想偏差，在思考问题时带有一定的利己主义色彩，参与政治生活的积极性偏低，缺乏对党组织的认同；第三，在坚定小王理想信念、入党意愿的

过程中，多维引导、协同教育发挥了重要作用。

1. 工作难点

（1）学生入党动机有待加强，缺乏认知基础。小王的入党动机具有一定的普遍性，这类学生大多追求上进且家庭成员中有党员发挥重要影响。但由于课业、时间等客观原因，他们并未将相关理论逐步内化为自己知识体系的一部分，对党的理论、党的历史、党的政策方针不了解、不熟悉，没有从根本上接纳党的光辉思想。

（2）学生与党组织情感联系较弱，缺乏体验基础。从小王周围同学们的议论中不难发现，同学们对党组织的情感认同度较低，对党组织带领中国人民取得伟大成就的感受不深，甚至认为党组织的存在对自己生活没有影响，没有把自己的发展同党和人民、国家的发展联系在一起。

（3）学生入党意愿不强，存在自我功利思想。小王的同学认为入党浪费时间、对自己学习没什么帮助，甚至认为小王递交入党申请书是为了与老师套近乎，这表现出明显的功利思想和参与政治活动的消极情绪，不利于学生社会主义核心价值观的树立和深化。

2. 工作思路

该案例反映的是一个群体性问题，折射出当前入党启蒙教育的基本形势和工作难点。解决此类问题可以从理论引领和实践教育两个维度展开，同时注重以点及面。一方面，针对小王个体问题，主动引导，在把握原则的基础上，根据学生特点和身心发展需求，加强与学生沟通，挖掘与分析深层次的思想问题，合理应对，有针对性地展开引导和帮助，消除小王问题产生的根源。另一方面，针对学生整体可能存在的普遍性问题，做到着眼长远，持续发力，调动资源，共同推进，增强党员、党组织的吸引力，抓住理想信念教育这个主旋律，及时消除负面影响。

3. 对策、建议及反思

紧扣入党启蒙教育的关键点，即思想认识的提升和政治认同的建立，从理论认同、情感认同、行动认同、文化认同四重维度开展相关工作。

理论认同维度：以党的理论充实和武装青年学生头脑，帮助学生丰富对中国共产党及中国政党制度的认识和理解。加强党团共建，组织、号召广大优秀团员走入党支部，参与党组织各项理论学习活动。建立党团对接机制，组织党员分批走进团支部，开展主题团课、宣讲党史党章、交流时事热点等，线上线下打造党团学习共同体。

情感认同维度：以润物无声的方式激发学生的爱国、爱党真挚情感，紧抓学生学业发展的第一需求，开展党员帮扶、党员结对等助学活动，向学生传递党组织的温暖，提高学生的获得感和幸福感，让党组织成为学生遇到困难时的第一求助对象。同时，可以通过党员和新生结对的形式，多维给予学生关怀和帮助，逐步提升学生对党组织的情感认同。

行动认同维度：发挥学生党员先锋模范作用及其在学生队伍中的中坚力量，身体力行，率先垂范，以学生党员朋辈影响力，激发身边学生的自觉意识，引导广大青年学生积极参与主流育人实践，建立行动认同。积极搭建如“党员 TALK”等学生党员工作平台，为学生党员创造条件、树立目标，鼓励学生向榜样看齐。

文化认同维度：探索红色文化的延伸内涵和教育路径，通过组织红色实践、指导学生发挥专业所长开展调研、观看红色经典歌剧、开展党建知识竞赛和青年歌会等红色文化教育实践活动，感染人心、打动人心，学生在红色文化的浸润中获得熏陶和感染，教育、引导、增强学生对党组织的文化认同。

【参考文献】

[1] 徐川 . 顶天立地谈信仰 [M]. 北京：人民出版社，2017.

（金文心　新生院）

学术思政两开花
——如何协调研究生参与学术活动和思政活动之间的关系

【案例介绍】

小李学习成绩中等，和多数同学一样，完成课程学习，参与课题组项目实践，开展学术研究，撰写论文。学术的日子总是那么枯燥，对小李而言，每日的新奇便是刷微信微博、打游戏、逛淘宝，大把宝贵的时光在“劳逸结合”中不经意地从指尖溜走。每当看到周围学习好、实践活动丰富的同学，小李都会心生羡慕，心想：自己已经这么努力了，可为什么仍然学习成绩一般又生活单调呢？如何能在激烈的竞争中找到心仪的工作呢？想到这些，小李内心就充满了焦虑，下定决心更加努力。但只坚持了几天，就又恢复了原样。小李自恃已成为中共党员，对党支部活动不关心、不参与，逐渐脱离了组织生活。他认为思政活动无趣单一，流于形式，浪费时间，对自身发展毫无帮助。

随着毕业、就业压力的增加，小李深感力不从心。辅导员在了解到小李的情况后，多次找他谈心，和他交流全面发展对个人成长的重要性，并鼓励他多向优秀同学请教。周围同学也主动向小李分享日常作息、时间分配和学习技巧，并约定一起自习，相互监督。随着小李玩手机的时间不断减少，整块的学习时间逐渐增多。原本一天的学习任务，现在半天就能完成。学有余力，小李便开始进行更深层次的研究，并取得了一定的学术成果，学习热情、自信心都得到了极大的提升。此外，小李还广泛参与学校、学院组织的丰富多彩的活动，一次次心灵的交流、思维的碰撞启发小李转变观念，提升了思想境界。

小李的变化被辅导员看在了眼里。在学院新一期的党员培训活动中，小李受邀向同学们介绍自己进步的经验，引起了强烈反响。此次活动让小李认识到参与思政活动的意义。他更加勤奋努力，主动担任党支部书记，争做优秀党员，开展多样化的精品活动，服务大家。现在的小李，每一天都是充实而忙碌的，学术活动与思政活动统筹兼顾，是同学们学习的榜样。对于未来，小李充满了信心和期待。

【关键词】生活平衡，学术，思政

【案例解读】

处于研究生阶段的学生，往往以毕业、就业为导向，重视学术、工作能力快速提升，很少参加，甚至抵触参加思政活动，忽视思维意识、思想理论的指引作用。同时，学生对手机、平板电脑等电子设备产生依赖，浪费大量时间。起初，小李学习努力，却由于没有合理安排时间以及自律能力不强，成绩平平，也无法兼顾思政活动。后来，在身边优秀同学生活经验的分享和感召下，在辅导员的教育和支持下，在学校精品活动的感染下，小李掌握了时间安排技巧，提升了学习能力，在学术与思政活动中游刃有余，成为同学们的榜样。

1. 工作难点

（1）当前社会快速发展，对研究生提出了更为严苛的要求。快速发论文、顺利毕业、找到好工作就是小李研究生阶段的追求。小李怀着一颗功利的心，认为把时间都尽量花在学术上，就已经是自己目前所能做的最大努力。

（2）起初，在小李看来，研究生参与思政活动是毫无意义的——流于形式，内容单一，浪费时间。小李对思政生活存在片面或错误认识，忽视了思维意识、思想理论对个人的指引、提升作用。

（3）小李缺乏合理的时间安排和规划，每天刷微信微博、打游戏、逛淘宝，浪费了很多时间，致使各类事情总是迟于计划时间完成。长此以往，事情越积越多，导致小李很难协调好学术与实践活动的关系。

2. 工作思路

（1）对于研究生而言，学术活动与思政活动都要抓，都要硬，才能实现双赢。协调好参与学术活动与思政活动之间的关系，是教育工作者们对学生的殷切期待，也是学生对学习高效、工作顺利、生活美好等全面发展的迫切追求。

（2）互助。号召优秀的同学主动向身边同学伸出援手，互帮互助，指点迷津。同时，鼓励暂时落后或遇到困难的同学主动向身边优秀的同学请教，以形成良性循环，相互带动，共同成长。

（3）公助。针对目前研究生不重视思政活动的现象，一方面，学校老师、辅导员针对学生们的诉求和期待，从活动本身出发，完善现有的活动，尽可能契合时代主题和学生关切，创新活动形式，增加活动丰富度和多样性，提升活动品质和实际效果，让学生发自内心地主动参加到活动中来。另一方面，辅导员应加强对学生的关心和支持，在奖惩过程中综合考虑学生的思想政治、学习成绩、科研训练和社会实践等各方面，制定科学的评定标准，帮助学生以此为依据进行自我完善。

（4）自助。有效利用零碎时间，制订合理的工作计划等，这些都是找到学术与思政活动平衡点的关键。学习他人先进的方法，在日常学习和生活中逐步改变不良习惯，不断提升自己的综合能力。同时，在互助和公助的基础上，逐步认识到参与思政活动的重要性，充分发挥个人主观能动性，强化自身理论学习。

3. 对策、建议及反思

（1）“朋辈效应”证明，学生榜样有着巨大的感染力。对优秀的学生进行事迹宣传、经历报道等，可以充分发挥榜样的带动作用；亦可通过访谈、讲座等，让优秀学生讲解心得体会并现场答疑，帮助更多同学更快、更好地协调学术活动与思政活动的关系。

（2）辅导员努力创设合适的教育时机，采取行之有效的教育策略。一方面，邀请相关专家、著名人士开办系列讲座，系统、有效地提升学生的素养；另一方面，通过制定科学的评定标准，综合考虑学生的思想政治、学习成绩等各方面，积极培育、引导学生的思想道德、政治观念、行为规范以及学术能力。对优秀的同学及时给予肯定和赞扬，对同学有失妥当的做法进行及时纠偏，助力形成良好风尚，为国家培养优秀人才。

【参考文献】

[1] 王沪宁 . 政治的人生 [M]. 上海：上海人民出版社，1995.

（孙海燕　交通运输工程学院）

发挥班会育人功能，促进学生全面发展
——如何上好一堂班会课

【案例介绍】

根据学校要求，辅导员小张老师安排自己所带年级的各个班级，组织开展爱国主义教育的主题班会。通知下发一周有余，班长工作群内却迟迟没有回应。小张老师隐隐感觉到班长们的“不乐意”，于是分别找了几位班长了解情况，也征求了几位班主任的意见。

针对“接到通知要开班会的时候，班级同学是什么反应？你怎么想？”这两个问题，班长们坦诚：“最近作业很多，同学们希望班会内容少一点。我个人也觉得现在学业压力挺大的，没有精力投入到主题班会的策划中，打算大家一起学学文件算了。”“我们都爱国，从小就一直接受爱国主义教育。这个主题老生常谈，不会有人听，到时肯定不是看手机就是写作业。”“上个学期这类又红又专的主题活动太多了，的确有些形式主义，大家都有些厌烦，希望能安排些有趣的内容。”

几位班主任也表示，他们作为专业教师第一次做班主任，没有开展主题教育班会的经验，虽然学院提供了一些相关资料，但是感觉也只能照本宣科地带领学生读读文件、看看视频，或者过一遍 PPT，明显感到学生的兴趣不高，还不如让学生自学。还有的班主任老师建议班会还是少安排这类主题，应该多围绕学业相关的主题展开。

【关键词】班会，思想教育，全面发展

【案例解读】

班会是辅导员和班主任开展学生思想教育的重要渠道，一般学期内每月要组织召开一次主题班会。案例中班主任和班长反映班会存在内容枯燥、形式单一、缺乏吸引力、起不到教育效果等问题，具有一定的普遍性。班会尤其是思政教育类的主题班会缺乏吸引力、感染力和亲和力的原因，主要表现在以下几个方面：①主题老套，缺乏新意；②内容零散，缺乏系统设计；③形式单一，缺乏参与性。这使得班会流于形式或者沦为事务性工作，不能充分发挥对班级教育、引导、带动和培养的作用。

1. 工作难点

（1）班会是最为重要的教育途径之一，辅导员和班主任可以通过班会将教育延伸到每

个“细胞”，覆盖到所有学生。因此，班会必然成为开展主题教育系列活动的“规定动作”。每学期需要开展的主题教育系列活动较多，且部分内容相关度较高，如果每次都采用班会的形式，必然会让师生感到主题老套，内容零散。学生难免认为这类班会的主题内容与思政课内容重复，没有新的学习和收获，浪费时间和资源。

（2）基于学分制的教学制度，大学生已习惯自由安排时间进行自主学习。因此，班会上开展主题教育学习常采用的“读文件—看视频—谈心得”三部曲，多被学生诟病和排斥。但主题教育内容不适用“娱乐化”的组织形式，对策划和组织者有非常高的要求。班主任大都是专业教师，不具备开展思政教育的专业知识背景和经验，很难给予学生有效指导。这类班会往往形式单一，流于形式，无法达到有效的教育目的。因此常有学生质疑：“这类班会的集中学习，完全可以自己学习，为什么要集中在一起？”

2. 工作思路

（1）为了更好地实现班会的集体育人功能，要在加强班会的设计和注重班会的组织上下功夫。设计班会时需要把握教育内容的体系化，发挥教育主体的主动性，坚持教育形式的多样化，加大教育过程的指导性。组织班会时，需要预先安排时间，明确组织分工，做足准备工作，通过反馈了解实效。

班会内容的设计可以基于思政教育需求和学生成长需求。基于思政教育需求，多见于开展爱国主义教育等主题学习，需要结合思政教育的规律和社会热点问题开展；基于学生成长需求，要结合学生不同阶段的成长需要，即学生进入大学要经历角色适应、角色挑战、角色发展和角色转变四个阶段。角色适应阶段需要围绕学生人际适应、自我评价适应、学业适应、现实环境的适应设计内容；角色挑战阶段需要围绕亲密关系、情绪与压力管理、生涯发展设计内容；角色发展阶段需要围绕创新和实践能力、发展目标、职场初体验设计内容；角色转变阶段需要围绕求职技能的提升、感恩意识的增强、社会责任的升华设计内容。由于基于成长需求的内容往往较受学生欢迎，所以思政教育内容可以与成长需求的主题进行有效的融合。

（2）班会需要采用学生乐于接受的形式。可以依据专业特点，充分运用学院的资源，鼓励形式的多样性。课堂授课、交流互动、参观调研、汇报表演、经验分享等不同形式可以“混搭”。采用课堂授课方式，建议增加案例，讲好故事，引发学生共鸣；交流互动方式，鼓励小组内交流，大组内分享，提升交流分享的质量；参观调研形式，需要提前做好调研准备，参观结束组织交流汇报，将感性认知升华为理性思考；汇报表演形式，需激发学生的表演意愿，给予充足的准备时间；经验分享形式，要注意选择优秀的、适合的“嘉宾”，能给予学生有针对性且中肯的经验。

3. 对策、建议及反思

设计一次班会要确定学生需要的主题、选择学生乐于接受的形式，并制订可行的详细流程。组织实施时建议注意以下三点：

（1）设置规则：学期初调研学生需求，与学生约定好整个学期所有班会的主题、时间及考勤要求，激发学生兴趣，引起学生重视，养成定期开班会的习惯。

（2）明确分工：班会需要辅导员、班主任和学生骨干的合作。辅导员需要提供班会的参考主题和建议方案，协助班主任推进班会；班主任需要结合班级特点，确定主题，指导学生骨干具体策划实施。

（3）注重实效：学期初在班级内开展前期调研，依据学校要求结合班级调研结果，设计班会主题；预留充足时间，寻求多元资源，调动积极性，做好准备工作；班会结束后，及时收集反馈信息，为改进下一次班会提供借鉴。

设计和组织一次具有吸引力、感染力和亲和力的班会课，需要老师和学生投入大量的时间和精力。辅导员平时需注重收集、整理班会案例库，加强班级之间班会案例的交流，为各班级开展班会提供丰富的素材。

【参考文献】

[1] 樊迎光，冯俊丽. 高校辅导员如何开好主题班会 [J]. 考试周刊，2011（85）：232-233.

（张南华　新生院）

少数民族学生适应性教育
——如何帮助少数民族学生更快融入集体

【案例介绍】

小哈是来自新疆某牧区的少数民族学生，性格内向，不善言辞，普通话水平一般。父母是牧民，兄弟姐妹两人，家庭经济困难，畜牧是家里的主要经济来源。从小他都是别人眼里的好学生，父母对他一直寄予厚望，希望他能考上大学，走出牧区，改变命运。小哈不负所望，顺利考入大学，在新疆完成两年的少数民族预科班学习后，进入了大学深造。

进入大学校园后，因为年龄比同班同学大两岁，加上学习基础薄弱，小哈和同学找不到共同话题。语言上的弱势、饮食习惯的不同、民族习俗的差异让原本不擅交际的他更加少言寡语。他更愿意跟少数民族的学生来往，交际圈越来越小，并开始逃避集体生活。

大学第一次期中考试，触目惊心的成绩让小哈再次受创。受不到别人的关注、学习上找不到成就感的他，沉迷在自己的世界里，开始出现厌学情绪，旷课、喝酒、抽烟、玩游戏，仿佛只有在吃喝玩乐中他才能找到快乐和幸福。这种观念导致他非理性消费，用网络贷款平台贷款消费并欠下了 1 万多元。辅导员老师多次找小哈谈心谈话，细心指导，提供勤工助学岗位。父母也多次苦苦哀求小哈改变习惯，但小哈始终态度消极，选择逃避，不与父母、老师沟通，最终在大学生活学习的第四年被退学。

【关键词】少数民族学生，集体生活，人际交往

【案例解读】

来自新疆牧区的少数民族学生，由于受本民族历史、地理、语言、文化、风俗习惯等因素的影响，在心理、价值观、道德观和思想方面与其他学生存在差异，尤其表现为与汉族同学的差异。再者西部地区教育资源相对落后，众多因素的叠加容易让少数民族学生出现对新环境和集体生活的排斥心理。

小哈之所以难以融入大学的集体生活，是因为他不能正视自己与他人在教育、经济、文化等方面的差异，缺少对大学生活的整体规划和战胜挫折的勇气。当看到身边同学比自己优秀，自己和他人的差距越来越大时，小哈自尊心受挫，进而逃避与人接触，久而久之无法在集体生活中找到幸福，于是沉溺于打游戏、喝酒、抽烟和非理性购物等。

1. 工作难点

（1）因少数民族学生成长经历、文化习俗大致相同，互相交流顺畅，因此他们大多喜欢与本民族同学交往。小哈是“民考民”（指少数民族学生参加全国高考时采用的是本民族语言）学生，性格内向，加上有语言障碍，不太敢与其他民族学生交流和来往。

（2）因西北偏远地区教育水平相对落后，这些地区的学生基础较薄弱，再加上高校较为宽松的管理方式，让他们的学业差距被放大。案例中小哈刚开始也是全力投入学习，往往他要花别人两倍的时间去学习，但投入和产出不成比例，不及格课程依旧比别人多，差距越来越大。留级后又要面对新同学、新集体，这更让他产生了恐惧。

（3）少数民族学生进入高校后，脱离了原来民族风情浓郁的生活环境，容易缺乏朋友，产生孤独感。又因学业上的差距，使得他们萌生出被排斥的感觉，这些问题会导致部分学生逐渐变得性格孤僻、抑郁、多疑、自卑、暴躁，失去交际能力。例如案例中的小哈厌学，逃避集体活动，沉迷于游戏、喝酒、抽烟，等等。

（4）辅导员应首先关注、了解少数民族学生的特殊背景。在刚开始出现问题时就要让小哈明白存在差异是正常的，要学会正确对待，鼓励小哈走出小圈子，走进集体生活。此外，还要动员班级和宿舍的同学一起帮助他，必要时让心理咨询老师介入。

2. 工作思路

（1）我国是一个多民族国家，每个民族都有自己的聚居地区、风土人情和风俗习惯。近年来，普通高校正在逐年增加少数民族学生的招生数量，这些学生在汉族学生占绝大多数的校园里，跟汉族学生同学习共生活。如何做好少数民族学生教育工作，让他们顺利融入集体，健康成长，不仅关系到能否培养出合格的少数民族地区建设人才，而且关系到维护民族团结的大局。

（2）当小哈刚开始出现问题时，辅导员应及时了解小哈的家庭背景以及过去的经历，了解其民族的文化习俗等，分析小哈出现问题的原因。随后，应发掘共同话题获取小哈信任，在平等、尊重的交流基础上，引导他正视与别人之间的差异，鼓励他积极乐观，帮他重建已经破碎的自信，慢慢地让小哈感受集体生活的温暖。

（3）针对小哈学习上的困难，要与他一起探讨，找到一个适合他的学习方法。然后制订详细的学习计划，并对他进行挫折教育，让他明白适应新环境需要一个适应期，鞭策他重拾对学习的兴趣。同时，鼓励他向身边的同学寻求帮助，多向学习成绩好的同学学习，在其他同学愿意的情况下，安排相关学业辅导。

（4）针对小哈贪玩、喝酒、抽烟和非理性消费等情况，辅导员应帮助小哈认清现实，分析利弊，找到问题根源，以形成正确的价值观和消费观。

3. 对策、建议及反思

（1）做好新生入学教育，将国情、民族文化习俗、地域文化差异等内容纳入开学时的入学教育中，让新生相互了解彼此的风俗、饮食、服饰文化等，促进学校各民族学生的交流、交融、交往。

（2）加强来自偏远地区和教育资源相对落后地区的少数民族学生的学业、身心、就业、生活帮扶工作，帮助他们形成良好的学习、生活习惯，避免因差距过大而出现不良的心理情绪。

（3）为少数民族学生提供自我展示的平台。少数民族学生往往多才多艺，但不善表达或不敢表达，这让他们在集体活动中显得比较被动。集体是个人成长的土壤，辅导员老师应有意识地为少数民族学生创设参与集体活动的机会。这不仅可以锻炼他们的综合能力，还可以让他们更加自信，增进他们和其他同学之间的关系。

（4）发挥少数民族学生专职辅导员的作用。因为他们对少数民族学生的民族文化、习俗、习惯了解得多，所以更容易和少数民族学生交心，更容易让学生说出自己的困扰。专职辅导员应与少数民族学生多谈心、多沟通，帮助难以融入集体生活的少数民族学生走出孤独。心理学家威廉姆斯也认为，“人性最深刻的原则，就是恳求别人对自己的关怀”。因此，要增强少数民族学生自我实现的信心，应先满足他们对友谊、感情的需要，使其充满活力，走出孤独，融入集体。

（克热木　学生处）

增强说理能力，提升育人本领

——如何提高辅导员的说理能力

【案例介绍】

南京航空航天大学能源与动力学院党委副书记徐川是一位不折不扣的网红辅导员。一篇《我为什么加入中国共产党》的文章，相继被《人民日报》、团中央等官微转发，阅读量很快突破 10 万人次，引起社会各界的广泛关注和热议。他用自己的真实经历和真实所感，带领大学生重新思考新时期入党的意义："入党是不是你自己的选择，不应该是别人告诉你一定要入党。也不仅仅是你要考公务员、要进国企才做出这个选择。入党，不是获得更多的利益，而是责任、让步和牺牲。不然，凭什么你是党员？"

2015 年，他以"南航徐川"为名开通了微信公众号，从一名普通的辅导员转身成为用故事讲道理的校园大 V。旗帜鲜明的观点、贴近学生的语言、幽默生动的讲解，让学生们眼前一亮。不拘泥于书本、课堂，徐川的文章透着这个时代新鲜的气息。

他走上讲台，把一堂"端正入党动机，争做合格党员"的党课讲得酣畅淋漓，赢得满堂喝彩。三观正却不说教、言语新却不造作，慕名而来的学生挤满了报告厅，他们知道徐川的课一定会绽放思想的火花。

2017 年，《顶天立地谈信仰：原来党课可以这么上》结集出版。这本书站在青年学生的视角，阐明了信仰是人精神世界深处的执着与坚守。徐川的党课教材，成为高校辅导员上讲台讲党课的一本启蒙宝典。①

【关键词】说理能力，工作创新，育人本领

【案例解读】

高校辅导员虽然被称为"老师"，所从事的却是大学生思想政治教育工作。长期以来，辅导员被当作学生事务官，职业认同感和职业成就感不强。其中很重要的原因之一就是辅导员队伍普遍年轻，学科背景各异，专业化程度不高，讲事说理不够硬气，走上讲台没有底气，开展育人工作的效果大打折扣。该案例之所以提振精神，在于一改辅导员纯粹事务官的形象，通过提升说理能力，增强育人本领。

① 根据人民网、央广网等网络素材编写。

1. 工作难点

岗位角色的复合性、工作边界的模糊性以及专业化程度不一，使得辅导员要提高说理的能力，有不小的难度。

2. 理论及政策依据

为了推动高校辅导员队伍专业化职业化建设，构建高校辅导员队伍能力标准体系，2014年教育部印发了《高等学校辅导员职业能力标准（暂行）》。这份文件对辅导员职业下了一个定义，指出辅导员是高校教师队伍和管理队伍的重要组成部分，具有教师和干部的双重身份；辅导员是开展大学生思想政治教育的骨干力量，是高校学生日常思想政治教育和管理工作的组织者、实施者和指导者；辅导员应当努力成为学生的人生导师和健康成长的知心朋友。这份文件进一步明确了辅导员承担着育人的神圣使命，不仅可以凭借年龄优势成为学生的知心朋友，还必须努力成为学生的人生导师。这就对辅导员的职业能力提出了更高的要求。

3. 对策、建议及反思

“传道受业解惑”，提升育人能力，关键是要尽快掌握“说理”的能力。走入第一课堂，旗帜鲜明地开展理想信念、爱国主义等主题教育内容，靠的是扎实的授课能力，让党课、团课鲜活生动、直入人心；链接第二课堂，指导学生开展社会实践、参加学科竞赛、创新创业大赛，这不仅需要丰富的实战经验和高超的组织协调能力，还需要善于总结升华、清晰逻辑表达，让指导出成效、添光彩；服务成长之路，开展就业指导、心理辅导，处理各类突发事件、学生纠纷，不仅要同频共情，更得懂得摆事实、讲道理，“以诚感人，以理服人”。

可以看出，面向学生，不仅要会“务事”，还要善于“说理”。

如何提升“说理”能力呢？我们给出了“说理四问”。

第一问：说理的对象是谁?

虽然都是一群青春年少的学生，但当代大学生的族群特征明显、多元化倾向突出。跟学生党员谈评优评先中如何坚守初心，跟家境困难学生谈如何悦纳自我、超越自我，跟优秀学生干部谈社会责任，跟学业后进学生谈勇气与信念……辅导员在工作中一定有体会，面对身在不同处境中的学生，所运用的“说理”方法应是不同的。在谈话之前要做到知己知彼，对交谈的“对手”要有充分的了解，才能把握谈话的主动权。

第二问：“说理”通往何处?

即面向学生说理需要达到什么样的目的。总体而言，辅导员“说理”是为了实现思想政治教育的目标，引导和帮助学生成长、成才。具体到每一次“说理”，就需要聚焦、细化到具体的教育任务。站上思政第一课堂就是要通过“说理”让同学们树立理想信念，培育他们的爱国主义情怀，使他们坚定“四个自信”、脚踏实地地学习和践行社会主义核心价值观。“说理”不仅要入耳、入脑，更要入心。处理纷繁复杂的学生事务，遇到矛盾困难，就要通过“说理”，做通学生的思想工作，让学生理解学校层面的各项规章制度，自觉从大局上、从宏观上去思考问题，对思想政治教育工作形成认同感。面对特殊学生，就要通过“说理”，让他们感受到温暖、理解、友善和支持，让他们重新树立信心、战胜困难，迈出勇敢坚定的关键一步。

第三问：说的是什么“理”？

要能够以理服人，为“说理”准备的“炮弹”可不能少。《高等学校辅导员职业能力标准（暂行）》明确了辅导员需要具备丰富的知识储备，了解马克思主义理论、哲学、政治学等相关学科的基本原理和基础知识，掌握思想政治教育专业基本的理论知识和方法，了解《中华人民共和国教育法》《普通高等学校学生管理规定》等与大学生相关的法律法规知识等，在具有充分的理论储备、广博的知识储备、丰富的经验储备之后，才能够有效地以“理”服人。

第四问：“说理”如何才能有效?

有效“说理”需要灵活运用各种“说理”的方法。其一是运用归纳法，以生动的事实、案例，从材料到观点，进行论证说理。其二是运用演绎法，引用普遍知晓的原理，应知应会的原则，广为传诵的谚语、格言，由此及彼、由浅入深、由一般到特殊，开展逻辑推理。其三是运用对比法，通过纵横对比、古今对比、善恶对比、高下对比等，从正反两方面进行论证说理。其四是运用比喻法，运用形象生动的比喻，使说理更贴近生活。当然还有更多、更好的方法等待我们去探索，比如转换说理的话语体系，贴近时代、贴近学生、贴近网络，让大家触手可及、触目可见的一些形象、语言能够经常出现在“说理”的语段中，让“说理”有理（道理、事理）、有料（事实、案例）、有情（共情力、感染力）、有趣（时代话语、诙谐幽默）和有效（效果、效率）。

【参考文献】

[1] 徐川 . 顶天立地谈信仰：原来党课可以这么上 [M]. 北京：人民出版社，2017.

（赵盈　数学科学学院）

授业传道，导学子人生航向
育才育人，助学子全面发展
——如何发挥导师的力量做好育人工作

【案例介绍】

2017 年 6 月，在读博士生小林学位论文开题第二次未通过。包括他的导师尤教授在内的专家组根据小林的开题报告一致认为，小林不具备继续攻读博士学位的学术能力，建议其中止学业。按照学校规定，学院将向研究生院上报退学申请。但是，小林的父母坚决不同意孩子退学，强烈要求导师再给小林一次机会；小林本人则把自己封闭起来，拒绝与导师和家人沟通。尤教授很担心他，与辅导员联系，希望得到学院的帮助。

随后，尤教授与辅导员一起同小林及其父母进行了两次面对面的谈心、谈话。在小林父母的讲述中，小林一直是“别人家的好孩子”——懂事自觉，学业优秀，父母对他寄予了很高的期望。所以当小林在博士阶段遇到学业困难，面临退学时，父母难以接受这种落差；而小林却觉得，自己从小到大都是为了父母的期望而读书，没有机会实现自己的梦想，读博期间看不到学业的出路和事业的希望，非常苦闷。导师尤教授也从小林的性格、知识能力结构等方面，分析了小林不适合再从事本专业研究工作的原因，建议小林探索自己真正擅长的专业方向。

当被问到职业兴趣在哪里时，小林表示自己对行业内另一个新兴发展方向很感兴趣。于是导师尤教授又利用行业资源，帮助小林找到了一个业内公司的实习岗位。经过导师、辅导员、小林及其父母四方协商，小林办理了休学一年的手续，以在读博士生身份进入公司实习，暂不退学。一年以后，小林在实习公司顺利升职加薪。他在说服父母后，回校办理了退学手续，充满信心地走向职业发展的新天地。

【关键词】导师力量，学业引领，授业传道

【案例解读】

由于国家对研究生培养质量标准的不断提高，研究生的学业压力也越来越大。个别研究生在某些阶段难以达到学业合格标准，出现学业困难。研究生学业困难成因复杂，往往涉及职业兴趣、学术能力、人际关系、自我管理等多个维度。小林就是由于职业兴趣问题，

在攻读博士学位过程中发生了学业困难。由于完成学业有时间限制，在最后时间节点来临前，学业困难的研究生往往容易产生剧烈的情绪波动。如果不深入了解研究生学业困难的成因，及时采取综合手段进行干预和帮扶，容易影响研究生健康发展，也为校园安全稳定带来重大隐患。

本案例中，小林从小在父母的严格要求下，呈现出懂事听话、学业优秀的表象，却压抑了探索自己真正喜欢并擅长的职业发展方向的内在心理需求。小林因博士阶段所学专业不是自己感兴趣并擅长的领域，导致学业困难，继而引发了一定的心理困扰。

1. 工作难点

研究生教育作为国民教育体系的顶端，是培养高层次专门人才的主要途径。研究生是国家人才竞争的重要支柱，是建设创新型国家的核心人才队伍。然而由于研究生学习、科研、生活的特点，长期以来研究生思想政治教育中存在着诸多难点。

研究生学业困难的成因比较复杂，通常与研究生个人学术能力、职业兴趣匹配度、导学关系等相关联。学业受挫带来的沮丧感，使得学业困难往往伴生着心理困扰甚至心理障碍。研究生的年龄特点决定他们与本科生相比，人际关系的维度更多、更复杂，其学业受挫后导致的机会成本也更大一些。因此，研究生学业困难治理的难度较大，需要从学业帮扶、心理疏导、人际关系疏通、职业生涯教育等多维度入手，综合施策。

2. 工作思路

中共中央、国务院《关于加强和改进新形势下高校思想政治工作的意见》提出，坚持全员、全过程、全方位育人（以下简称“三全育人”）。围绕这些要求，高校要把立德树人作为根本任务，融入思想道德教育、文化知识教育、社会实践教育各环节，把思想政治工作贯穿教育教学全过程，把思想价值引领贯穿教育教学全过程和各环节，形成教书育人、科研育人、实践育人、管理育人、服务育人、文化育人、组织育人长效机制。在立德树人、“三全育人”的融合视野中，不再具有“导师管学业，辅导员管思想”的人为分界。“促进学生全面发展”成为高校各项工作的核心价值取向，“育人”成为高校所有人员的中心任务。

本案例中的研究生学业困难，成因比较复杂，仅仅依靠辅导员进行思想政治教育难以奏效，需要多元主体、协同育人、精准施策。其中，研究生导师应发挥重要作用。2018 年 10 月教育部印发的《关于全面落实研究生导师立德树人职责的意见》详细规定了研究生导师在立德树人工作中的职责，其指出，“研究生导师是我国研究生培养的关键力量，肩负着培养国家高层次创新人才的使命与重任”。落实研究生导师立德树人职责既是落实新时代党和国家教育要求的内在规定，也是有效提升研究生培养质量的必然要求。

研究生学业困难的疏解和职业发展方向的探索，具有较强的专业性，在这方面研究生导师具有无可替代的优势。本案例中，小林的导师尤教授凭借高度的“三全育人”责任感，全心全意关爱学生。在小林第一次开题不通过时，尤教授热情鼓励他，给他继续学习的机会；在小林第二次开题不通过后，尤教授及时发现他情绪低落，与辅导员第一时间结成育人共同体，一起与小林及其父母沟通，帮助小林打开心结。在与辅导员一起厘清小林学业困难的真正原因后，尤教授又利用自己的专业优势和行业资源，为小林落实了实习机会，找到了既能缓冲立即退学给学生、家长带来的巨大压力，又能帮助学生探索转换职业发展方向的两全其美的方案。导师积极参与育人工作，不但使学生个人化解了学业困难，打开了通向事业发展新方向的大门，而且有助于维护校园的安全稳定。

3. 对策、建议及反思

大学的育人目标是培养德智体美劳全面发展的社会主义建设者和接班人。既然以“育人”作为中心任务，那么大学的多个主体都应当参与到育人过程中来，发挥各自优势，利用各自资源，以育人共同体的形式，为学生成长发展保驾护航。

【参考文献】

[1] 岳修峰 . 普通高等学校“三全育人”研究 [M]. 北京：社会科学文献出版社，2018.

[2] 钱婻萍 . 新时代研究生导师立德树人的时代内涵、现实难题和实现 [J]. 思想理论教育，2019（9）.

（王映　交通运输工程学院）

做“三全育人”工作的黏合剂

——如何在推动“三全育人”工作中发挥辅导员的作用

【案例介绍】

小刘来自云南乡村，凭借“贫困专项计划”，以全县第一的成绩，降 60 分进入同济大学。虽然他表面光鲜，但其原生家庭却千疮百孔。母亲在他年幼时，因精神问题刑事犯罪锒铛入狱，爸爸带着他和两个妹妹一起生活。从小家庭条件极其简陋，家里望子成龙，给了他很多压力，以致其心理负担一直过重。

进入大学后，由于学业基础薄弱，加上大学科目难度增大，小刘出现了学业困难。从小内向、没有朋友的他，更缺乏家庭的支持。原来就有的心理疾病在连续挂科两次后爆发了，小刘几度想有极端行为。

自入学之时，辅导员通过助学工作关注到了小刘的实际情况，并建立了“辅导员—班主任—专业老师—朋辈导师”的工作网络。在小刘出现心理问题的时候，辅导员第一时间关注并介入，在其成长的过程中链接不同力量提供持续支持。最终，小刘被顺利保送研究生，并在本科期间取得了突出的学科竞赛成绩。

【关键词】三全育人，辅导员作用，学业支持

【案例解读】

此案例是典型的重点学生发展问题，但在案例解决的过程中，不仅是辅导员一支队伍在单线行动，更是充分调动学生成长成才过程中的各种力量，建立学生发展全过程关注链条，实现“三全育人”。

1. 工作难点

（1）学生处境复杂：小刘凭借“贫困专项计划”入学，客观上他比周围同学录取分低，再加上家庭问题带来的影响，心理问题的形成并非一朝一夕。学生“带病入学”是第一个难点。同时，在校期间家庭无法提供较多支持，因此学校、学院层面的支持就显得尤为重要。

（2）各类资源衔接：困难学生的问题很复杂，涉及学生在校接触到的不同角色，需要不同部门、不同身份的力量介入，问题才能系统性地解决。然而，不同角色的功能如何发挥，各方的积极性如何调动，辅导员在链接各类资源时，如何设置合理的机制和清晰的行动路

径是本案例的第二个难点。

（3）育人空间构建：案例中，小刘是个敏感自卑的人，突如其来的关心可能会适得其反，加剧他的心理压力。如何“润物无声”，通过日常活动和机制，建立“三全育人”的机制与体系，是本案例的第三个难点。

2. 工作思路

（1）提前筛查，建立关注：小刘的情况属于原生问题，需要早发现、早关注、早支持，因此构建学生成长发展的检测链条显得尤为重要。在本案例中，辅导员设置了多个环节对学生状态进行时时关注。首先，入学报到时，通过“助学成才服务对象认定”，班主任与学生多次谈话，在了解学生家庭情况的同时，帮助班主任与其建立充分的信任。其次，在发现学生经济困难之后，辅导员匹配了经济资助等资源支持，与其建立了密切的联系。

（2）多维支持，构建网络：在建立信任之后，小刘愿意将心理问题和班主任、辅导员分享。但仅靠班主任、辅导员的支持是不够的，需要建立更为全面的关心支持系统。于是，辅导员借助学院“朋辈育人”体系，为小刘配备了结对学长，通过生活上的支持和引导进行支持。进入大学三年级之后，随着小刘对专业的兴趣凸显，辅导员为其提前对接了导师，帮助他参与科研项目，在专业学习上进行帮扶。

（3）全过程链条，形成反馈链：学生成长是双向的，小刘从逆境中走出来的故事可以激励更多同学。因此，辅导员邀请小刘作为学长，参加了学院的助学服务项目，对接和他一样家庭贫困的学生。在帮助别人的过程中，小刘收获了肯定和成就感，逐渐走出阴霾。

3. 对策、建议及反思

（1）“三全育人”工作离不开各个队伍的支持与关注，辅导员在其中起到资源整合和链接的作用。案例中，辅导员充分利用“资助育人”，构建了经济型资助、发展型资助的“三全育人”体系。班主任在助学工作排摸第一时间发现了学生问题，迅速反应，形成了“辅导员—班主任—导师—朋辈导师”的关注链条，并充分挖掘不同角色的作用。其中，班主任作为学生在校接触的第一人，对学生的情况有比较全面的了解，能帮助学生更好地融入集体生活；导师为学生提供学业支持，能帮助学生树立学业认同感和自信心；朋辈导师作为育人力量的补充，在与困难学生的接触中，能及时观察到学生的异常情况。辅导员在这个案例中，起到了关键作用。作为这个链条中的组织者、链接者和统筹者，辅导员迅速反应，匹配院内资源，争取校级支持，给予助学、心理、就业等方面的专业指导，构建网格化工作体系。

（2）“三全育人”工作中，辅导员是重要的黏合剂。如何充分挖掘并发挥不同角色的育人力量，如何调动不同力量的积极性，是本案例值得借鉴的地方。辅导员在“三全育人”工作中，应当想人所想，主动作为，主动谋划，针对不同的工作队伍，运用资助育人、实践育人、心理育人等工作体系，积极搭建不同的工作平台。对于班主任，辅导员积极提供工作支持，规范各类工作流程，助力班主任第一时间了解学生情况；对于本科生导师，辅导员在保持充分沟通的同时，构建学生与导师的对话平台、交流平台；对于朋辈导师，辅导员通过“一对一”对接、成长共同体构建等活动，提供支持。

【参考文献】

[1] 赵新峰 . 协同育人论 [M]. 北京：人民出版社，2003.

[2] 魏金明 .“三全育人”背景下高校辅导员新使命与角色定位 [J]. 思想理论教育，2020（2）.

（彭婧　数学科学学院）

第二章　思政细胞激活与学生骨干培养

聚焦班主任，打造核心发展力
——如何做好班主任队伍建设

【案例介绍】

每年上半年，学院就开始物色新生班主任的人选。结合意愿、能力、责任感等综合因素遴选合适的对象绝非易事。学院理想的班主任人选既是实施专业教育的重要补充力量，也应具备开展班级管理和个体辅导的能力，还应在精力和情感上有比较充足的投入。

多年以前，学院的做法是由各专业推荐新任教师担任班主任，没有新任教师的由系主任推荐人选。其中的问题是新任教师大多来自外校，对学校和学院的环境和工作流程不太熟悉，有的甚至新融入这一城市；部分由系主任推荐的人选适逢职称晋升，需要担任班主任经历，但不一定是最适合的人选。专业能力强的老师做班主任可以更好地开展学业指导，但根据以往经验，他们在整个班团组织的管理和成长需求方面投入不足；新任或年轻教师担任班主任的优势是热情相对高涨，但自身处于职业生涯的探索阶段，在协调解决新问题和新困惑方面往往捉襟见肘，班主任工作无疑又增加不小的压力；还有一些年富力强，有经验、有能力，也有情怀的中年教师，基本已经在承担一些学院层面的公共事务，时间和精力有时无法平衡和兼顾。

【关键词】班主任，选聘配备，队伍建设

【案例解读】

班主任的选聘配备工作是激活思政细胞，进一步加强和改进大学生思想政治教育的基础。加强班主任队伍建设，是加强和改进大学生思想政治教育和维护高校稳定的重要组织保证和长效机制，对于全面贯彻党的教育方针，把大学生思想政治教育的各项任务落到实处，具有十分重要的意义。

面对班主任队伍目前所存在的一些现实困境，如何通过制度设计吸引、激励教师承担好班主任的工作，学校、学院层面如何做好班主任队伍建设，构筑能够发挥作用的长效机制是摆在学院面前的难题，也是事关人才培养的大事。

1. 工作难点

（1）遴选班主任人选。班主任是大学生思想政治工作的骨干力量，负有在思想、学习

和生活等方面指导学生的职责，是高校基层单位实施教育的主要抓手。班主任是实施“三全育人”过程中不可或缺的重要工作队伍，最理想的是要像重视业务学术骨干一样重视班主任的选拔、培养和使用，使他们干事有平台、发展有空间，充分调动他们工作的积极性和创造性。但现实情况是学院在甄选班主任时经常遇到困境，一方面，期待选拔综合素质高的专业教师担任班主任；另一方面，现有的机制又很难激励教师主动去做班主任。

（2）激发班主任投入。班主任大多数为兼职的专业教师，考核他们最终的指标是在教学或科研方面的业绩。更何况一些老师还兼任党务、招生、教学管理、科研管理等其他事务，精力和时间受限。角色多维也影响班主任工作扎实、细致、深入开展的程度。同时，部分班主任由于缺乏思想政治教育、心理学、社会学、教育学等相关专业的知识背景和工作经验，开展此类教育相对生疏，很难达到期待的效果，在进行班级管理和入脑入心的个体辅导等方面也显得心有余而力不足。此外，班主任的工作职责与工作内容和专职辅导员较为一致，当班主任工作由于种种原因推进迟缓或不到位时，辅导员们往往越俎代庖，导致班主任工作的缺位，班主任的责任心和能力素养也得不到提高。

（3）建强班主任队伍。当前，在班主任队伍的建设中，班主任的角色定位、工作边界等方面还存在急需引导和解决的问题。班主任在责任担当、能力素养等方面水平参差不齐，学校、学院层面的激励机制也不够健全，长效机制有待完善。

2. 工作思路及具体举措

在其位谋其政，我们期待班主任能积极发挥专业教师的优势，从思想引导、学业指导、生活关怀、心理辅导等多方面引领学生成才成长，带领班团组织释放出活力，让学生们真切感受到班级的凝聚力和向心力。

（1）明晰班主任工作的职责，尤其是区分其和辅导员、本科生导师不同的工作边界，保证班主任工作的规范化和针对性。辅导员工作重点应在学院层面的统筹协调和管理，本科生导师侧重于学生的专业学习和学术引导，班主任工作则侧重于班级的建设和管理，关注、关心每一个班级同学的思想动态和健康发展。

（2）完善校、院两级的班主任培训体系。学校和学院可通过组织常规和动态两类培训，提高班主任工作素养和技能。常规培训应包括校、院两级总体工作思路、基本情况介绍，思政教育、就业指导、心理健康教育、危机应对等专项工作技能的辅导；动态培训主要是基于案例以及热点问题的专题培训，保证班主任对学生教育引导的时效性。

（3）完善班主任工作的激励和考核机制。班主任多为兼职且目前多为定性考核，缺乏约束性；工作津贴也明显低于支部书记、招生专员等其他兼职职务。学校和学院应建立多层次、多渠道的班主任工作激励方式，增强班主任工作的归属感和成就感，最大限度地激发班主任的主观能动性和创造性。在物质激励方面，可提高班主任的工作津贴，以肯定他们的辛勤工作；在精神激励方面，可优先推荐班主任参选学校的各类评优评先，优秀的班主任工作经历和表现可作为晋级、晋职、评优、入党、提干的重要条件。对班主任的考核需结合学院、学生评价等，对其工作的开展实效和育人成效进行综合的评定。

3. 对策、建议及反思

（1）从学校层面强化高校班主任工作制度建设，厘清班主任工作的权责，创新高校班主任工作队伍建设的协同机制。

（2）开展系统、高质量的培训，为班主任提供更专业的成长资源，适应时代的发展需要。

（3）营造和谐支持的心理文化氛围，聚焦学校和基层学院的文化建设，关注班主任个人事业成就、生活状态，这些都是促进班主任工作的重要办法。

（聂菁　铁道与城市轨道交通研究院）

凝心聚力，班团一体

——如何激发班团组织的活力

【案例介绍】

大一新生的校园生活多姿多彩，班长小刘和团支书小李积极组织了形式多样、各具特色的班团活动。为了促进外地同学尽快熟悉并适应上海的生活环境，他们多次组织同学前往中共一大会址、东方明珠、植物园等处参观学习，获得大家的积极响应。

到了大二，依然丰富的班团活动却多次遇冷。一方面，同学们的学业压力增大，参加各类培训增多，组织活动的时间很难协调；另一方面，同学们的热情也大不如前，如果不是学校或学院安排的需要点名的活动，同学们响应程度有限。为了改变这种局面，小刘和小李找到辅导员和班主任，想通过调研了解同学们对班团活动的真实想法。

通过调研，他们了解到同学们对班团活动的认识与态度方面和预期有很大出入，大部分同学认为开展班团活动意义不大，没有意识到班团活动的重要性。同学们也不太了解班级和团支部的区别，觉得团支部展示度不高。对参加班团活动的感受和评价，半数以上的同学觉得流于形式，缺乏实质内容，而且活动主题缺乏新意，形式单一，难以吸引人。超过三分之一的同学认为现有的班团活动过于频繁，也有少数同学认为活动时间时常与学习时间冲突，所以不想参加。

【关键词】 班团组织，班团一体化，激发活力

【案例解读】

高校的班级与团支部原本是思政工作最活跃的细胞，在新形势下，面对班团组织中存在的实用主义者或者“佛系青年”，以及班级的归属感和黏着力有所下降的挑战，如何激发班团组织的活力是我们要认真思考的问题。挑战，也是机遇，面对新形势，班团一体化的工作思路或许能成为一项有益的探索，成为当下高校思政工作创新发展的重要内容。

1. 工作难点

首先是班团组织建设的基础。团支部最重要的工作是加强团员青年的思想政治工作，它不能在班团组织的活动中无所作为甚至缺位。同时，如果班团组织没有形成良好的协同机制，没有充分设计活动主题和形式，也会使同学们认为活动过于频密且流于形式。

其次是班团组织活动的参与度。由于缺乏创新意识，容易照本宣科，没有注重了解不同发展阶段同学们的不同需求与困惑，所以活动容易显得固化、枯燥，很难调动同学们的参与热情，也影响了同学们的认可度，导致大家兴趣消失，甚而不参加或消极对待。

最后是党团员意识的缺乏。一方面，对党员和团员的责任和义务缺乏深刻的认识，主人翁意识和先锋模范作用未有效发挥；另一方面，在深层次的思想理论问题和容易产生困惑的现实问题面前，学生容易感到迷惘，甚至无所适从。

2. 工作思路及具体举措

辅导员和班主任引领学生骨干聚焦政治性、先进性、群众性，明确班团一体化的总体思路，即以党建带团建，让团建促班建，做到工作下沉，提升工作黏性。

具体举措主要包括：

（1）在职责明确的基础上加强统筹和协同机制，明确班团建设目标，实行班长兼任团支部副书记或团支部书记兼任班长的制度，构建紧密团结、富有凝聚力的氛围。

（2）在工作重心下移的同时注重提升活力，结合学科专业特色，围绕教育主题，以同学们喜闻乐见的形式开展主题团日和主题班会活动，涵盖课程设计、学术沙龙、实践调研等方向，充分关注和发挥每一位团员青年的创造力。同时，也可以积极联系团校和其他团支部，承办、共办团日活动和其他特色活动。

（3）实行入党积极分子积分制。制订班团组织活动计划、指标权重和参与分值，在严格把关推优入党环节的同时注重调动积极性，增强凝聚力。

（4）完善激励考核机制。通过对班团组织建设绩效的考评，提升参与度和满意度，并通过公示和表彰提高积极性和成就感。

3. 对策、建议及反思

班团一体化建设，要从队伍建设、活动开展、激励机制等方面入手，不断提升凝聚力与战斗力。对策与建议主要有以下两点：

（1）强化问题导向。以解决实际问题为出发点和落脚点，着力解决团支部功能虚化、弱化、边缘化等问题，提升班团组织的凝聚力和影响力。

（2）强化主体意识。激发团员青年的主观能动性和创造力，积极动员同学一起策划、组织、执行并参与评价和反馈。

班团组织建设事关思政工作细胞活力的释放，反思主要体现在以下两方面：

（1）班团一体化为青年学生搭建起了展示自我、提升自我的舞台，不仅可以在提升高校基层团组织活力方面发挥重要的影响，而且能从青年思想教育、政治引领方面发挥更大的作用。通过班团一体化的系列改革举措，有效团结并带领青年学生努力成长为中国特色社会主义事业的建设者和接班人，成为社会栋梁和专业精英。

（2）要深刻认识到激发班团活力这项工作的长期性和艰巨性。长期性表现在如今高校团支部与班级协同工作中遇到的诸多问题，这些问题的改进不是一蹴而就的，要在坚持正确的政治方向的前提下逐步构建良好、有效的协同工作机制，这需要我们做好长期工作的思想准备。艰巨性表现在这项工作要求我们必须时刻创新思路、与时俱进，并不断改进工作方法以适应学生的新需求和新特点，逐渐探索出一条适合高校有效提升班团组织活力的工作道路。

（陈竞　新生院）

朋辈引领，聚合共进
——如何在班团组织中运用“朋辈教育”的示范作用

【案例介绍】

小张来自普通工薪家庭，从小学习成绩优异，平时话不多，性格沉稳，早早地入了团。他从小学到高中都是班级中的普通一员，虽然乐于助人，但没有担任过班干部，平时在父母的叮咛下把时间和精力都花在学习上，很少参与实践活动，生活倒也简单有序。

上大学后，小张离开父母，开始独自生活。要在一个新的城市融入新的集体和环境，小张试着开始规划自己的学习和生活。一开始，他对校园内的一切都感到新鲜和好奇，和同学一起参加了各种社团组织，把每一天都安排得非常充实，经常忙到半夜才休息。但随着时间推移，课业带来的压力又令他手足无措，大学生活的新鲜感也随着时间逐渐被冲淡，他开始对自己的大学生活有些迷茫，尤其是在期中考试中遇“滑铁卢”后，从小名列前茅的他备受打击，无心再去参加社团活动，甚至对班团组织内部的活动也不再积极，和同学们的交流也少了，对学习也提不起兴趣。眼看着他的这些变化，辅导员小刘和深受师生好评的团支书小谢特别想帮他一把。

【关键词】朋辈教育，帮扶结对，榜样示范

【案例解读】

大学生入校前大多把时间与精力投入在学习上，对综合素养提升的投入有限。进入大学后，他们或多或少都会出现新生适应问题。没有高考这一共同的目标，没有高中班主任的叮咛，新生往往对新的集体感到陌生，缺乏归属感。

同时，大学阶段学业的广度和深度都有所增加，需要自主安排的情况比较普遍，而且班团组织较高中阶段松散。每一个班团组织中，一定有适应性较强的学生，这部分学生大多被选拔担任班级的学生骨干，但也不乏适应阶段表现不佳的后进学生。在班团一体化背景下，如何依托朋辈教育，发挥先进带后进的榜样作用尤为重要。

1. 工作难点

（1）班团组织的引导和帮扶。小张参与班团组织等各项活动的积极性锐减，一方面来自课业压力，另一方面也因为班团组织的引导和帮扶力度不够。高校的班团组织与初高中

不同，更注重学生自主参与以及主人翁意识，缺乏这方面锻炼的小张显得捉襟见肘，但这也是班团组织尤其是辅导员引导综合素质较强的学生骨干发挥“朋辈教育”的优势，服务引领同学们成才成长的重要契机。

（2）身边榜样的陪伴与示范。对大学生活的不适应在新生阶段会有不同程度的体现，伴随学业压力大、课业多的现实情况，客观上也容易造成学生对班团活动积极性不够、参与度不高的局面。通过身边榜样的陪伴，鼓励小张重新振作、重拾信心也是工作的难点。

2. 工作思路和具体举措

（1）建立先进带后进的“一对一”帮扶结对机制，积极帮助后进学生逐步适应大学生活。辅导员和团支书通过多种渠道系统了解小张的困境，并有针对性地制订“一对一”帮扶的方案，真诚地和小张探讨他的大学规划、内心需求、缺点不足和努力方向。

（2）通过多种渠道加强同学之间的沟通交流，深入了解他们的困惑与需求，加以分类指导。同时，强化团员意识教育，突出思想引领。根据团支部情况和年级特点，分层次、分类别持续开展形式多样的主题教育活动，构建分层分类的思想引领体系，不断强化团员意识，引导团员青年积极参加团支部活动，增强团组织的号召力和凝聚力。

（3）积极发挥榜样示范作用，注重“朋辈教育”。在发挥榜样示范作用的过程中，要选拔师生认可、学生信服并愿意向其学习的榜样。

3. 对策、建议及反思

（1）发挥“先进带后进”的榜样示范作用，要系统化实施，从新生入学伊始就安排优秀的学兄学姐或身边榜样适时开展“朋辈教育”。同时，也要注重对身边榜样闪光点的深入挖掘，通过身边榜样的真实案例，激发学生的内生动力。

（2）榜样的示范作用在于以下几方面：一是指引作用，通过对大学生言行举止的规范和指引，促使其向优秀的方向不断前进；二是协调作用，通过有机协调帮助同学更好地解决问题；三是聚合作用，来自学生身边的榜样在思想、学习、言行等方面有着同样的基础环境，容易实现共情以至共鸣，他们的先进事迹和努力方向更易为其他学生所接受，进而实现学生们的共同进步。

（3）辅导员和班主任要对班团组织建设加以指导，对实施“朋辈教育”的主体要优中选优，并持续做好对这部分学生的关心和规划。

（岑昱玮　政治与国际关系学院）

激发个体内生动力，营造集体学术风气

——如何构筑学风建设的长效机制

【案例介绍】

A 专业作为一个应用性强的专业，具有大一、大二年级注重数理逻辑，偏重构建专业基础课程学习思维，大三、大四年级注重项目实践，偏重理论与工具的应用与创新的特点。在低年级阶段的学习，尤其第一学年容易出现不及格学分多，甚至因超 25 学分不及格而重新编级的现象。

重新编级的学生容易在第一次重新编级后丧失信心，不知该如何制订合理且有效的学习计划，出现因盲目重修而产生的后续课程继续吃紧等问题，抑或制订了较为合理的学习计划但执行力不足，继而导致第二次重新编级。个别同学在第二次编级进入试读阶段后自暴自弃，拒绝他人帮助和沟通，最终积重难返，无奈退学。未达到重新编级条件的学生虽继续在原年级跟读，但也因为早期学习效果不佳，学习目标不明确，进而学习动力不足，成为学业困难生。

【关键词】学业困难，学风建设，长效机制

【案例解读】

学业困难生是学院学生工作中的重点，也是难点，学业困难继而引发的其他连锁问题也会与学业问题交织，严重影响学生正常的学习和生活。

要妥善解决这个问题，有赖于从学生个体到学院层面不断构建和完善学风建设的长效机制。

1. 工作难点

（1）如何引导学业困难生树立正确的学习观念。学习，是一个需要长期坚持的过程，这是建立有效学习的基础。很多学生入校前误以为大学学习很轻松，这就需要帮助他们确立对学习的正确认知。高等教育是人生学习过程中一个非常重要的学习阶段，它不是终极阶段，而是一个转型和储备的阶段，是个人学习如何更好地适应社会需求、适应未来职业发展需要以及培养独立持续学习能力的阶段。

（2）如何通过解决个体学业问题形成良好学风。学风问题是学业问题的表现集合，如

果每一个个体遇到的学业问题都得以妥善解决，整个集体就容易形成较好的学风。要帮助学生认识到即使学业出现问题，也是可以通过合理方法和有效措施进行改善和解决的。学习是阶段性目标而非终极目标，不同的学习方向和学习成绩对应着不同的发展结果，如何正确认识学生个人的能力倾向以及能力特长，并根据个人能力制定更合理的学习目标，才能保持持续、旺盛的学习动力。因此根据学生自身情况指导学生制定短期乃至中长期目标，通过目标激励并帮助学生解决学业问题也是工作的难点。

（3）如何构建学风建设的长效机制。长效机制的建立不只是为了解决个案，如何在整个学院和专业中通过外部学习环境的营造、周围朋辈互动的引导，以及自我学习动力的激发形成一个卓有成效的长效机制也是工作的难点。

2. 工作思路及具体举措

（1）根据学生的不同情况做有针对性、有实效性的指导。比如很多学习成绩一般或者完全不适合研究性学习的学生也会将考研作为学习目标，从而产生不恰当的学习时间和能力分配，这不仅无助于学生完成学习目标，还会出现盲目比较、对自我发展认知偏差等问题，在影响自身学习效果的同时，也影响学院整体学习风气的营造。应该尝试建立分层次、分类别的学习目标规划体系，针对不同学生的自身情况设定学习目标，依据目标制订学习计划、构建学习方法，这样一方面可以达到更好的学习效果，另一方面也有助于形成专业、良好的学习风气。

（2）按照“羊群效应”理论，需要着重发挥和运用好“领头羊”的引领作用。学院层面可组织开展学业互助共进计划，例如每周安排固定时间作为学院学生的集中学习时间，有意识地倾向或者鼓励学业存在困难的学生参加，每次可安排一位本年级或高年级学习能力强的同学负责方法指导和经验分享，参加课堂的学生之间也可以进行充分讨论，形成学习合力。

（3）系统建立学习帮扶机制，全面贯彻全员育人工作理念。结合专业特征充分发挥专业教师、学生骨干、成绩优异学生的作用，在全体学生中打造全方位立体的学习扶持机制。大一通过班主任和专业方向负责人进行专业指导和未来发展启蒙；大二开始根据学习计划集中安排专业教师、学兄学姐及成绩优异学生开展分享活动，介绍学习重点难点、学习方法以及学习资源。建立疑难问题解答渠道，通过线上、线下定期活动建立畅通的问题沟通渠道。每学年建立学业问题负面清单，重点关注有学业问题学生，通过一对一沟通，寻找个性方案来帮助学生树立学习信心，构建有效学习方法。

3. 对策、建议及反思

在新生入学时，重点向学生宣传参加职业测评的价值和意义，通过职业测评了解学生自我认知的情况及对未来的规划。同时考虑创建大学阶段的成长档案，以半年为周期，对学习目标的设立、学习计划的制订、计划完成度及未来终极目标等方面进行跟踪，以便更好地帮助学生客观认识自己，帮助学生看到自己的成长变化，从而促进后续学习目标的设定及学习信心的建立。

每个专业在学习方面都有专业特性，对学生的能力要求也不尽相同。学院可针对专业特点做好梳理，形成经验并进行宣传和推广，帮助学生在充分认知的基础上进行学习判断。同时要尽可能结合当前的学生特点，结合已有经验形成一些学风建设指南或者学习经验 App 等，以贴近学生特征的方法和渠道来帮助学生更好地了解所学专业、制定学习目标，以及执行学习计划，从而在专业上构筑一个可良性互动的学习机制。

（葛蕾　软件学院）

夯实存量，填补增量
——如何提升新时代学生骨干的核心素养

【案例介绍】

小赵在进入大学之前学习成绩名列前茅，一直受到师生们的赞赏并担任班长。作为首批进入大学校园的 00 后，他成功当选班级团支书并担任副班长。任职后，个性鲜明的小赵虽然会完成各项工作任务，但也经常缺席学生干部例会。此外，为了把更多的时间用于学习，小赵会在班级 QQ 群内给其他班委布置任务并且措辞强硬。其他班委不太接受，因而联名向辅导员和班主任反映，为此他也在 QQ 空间、微信朋友圈等自媒体平台一再抱怨。不久，小赵走入另一个极端，逐渐从同学们的“对立面”走向顺从。当辅导员与班主任组织多项集体活动时，他得知有一些同学不愿意参与，为了迎合大家，他便开始替那些同学以各种理由请假来搪塞老师。团支部组织生活也逐渐变得流于形式。

在与辅导员的谈话中，小赵说道：“其实我并不知道该如何做好一名学生干部，只是从小到大学习比较好，老师们将我推到了这个位置上，但我也会享受当学生干部带来的成就感。”

【关键词】学生骨干，核心素养，培育

【案例解读】

新时期的学生骨干有其自身的特点，也面临着一系列新的问题。与此同时，学生骨干核心素养的内涵和外延也在变化，在提升学生骨干核心素养的过程中要牢牢把握时代对学生骨干的新要求，针对群体和个体的特征进行综合考量。

案例中的学生骨干小赵展现出了较强的执行力，具有一定程度的责任与担当，以及较强的学习能力，但其核心素养是欠缺的。这表现在他对班委的意义与作用认知不清，与其他学生骨干的交流沟通也不是很顺畅；以自我对学习和工作的认知来生硬安排其他班委工作，主体意识较为膨胀，集体意识和奉献精神欠缺；与同学无法正常相处后，在自媒体上的发泄行为体现了他心理调适能力较弱，欠缺道德与网络素养。

1. 工作难点

（1）培养学生干部核心素养，需要辅导员结合时代要求，并从学生工作本质出发，深

入挖掘新时代学生骨干核心素养的内涵及其构成。

（2）新时代的“新”体现在工作与学习的信息化和网络化，互联网的介入使得工作方式多元化、沟通方式便利化，但也使面对面的沟通减少，容易造成信息在传输过程中的缺失，甚至“走样”。因此，妥善使用网络手段、具备过硬的“网络素养”应当成为新时代学生骨干核心素养的构成要素之一。

2. 工作思路及具体举措

以培养德智体美劳全面发展的社会主义建设者和接班人为根本任务，努力打造以“政治素养、责任素养、科学素养、人文素养、网络素养、能力素养”为内涵的新时代学生骨干核心素养提升体系。

针对政治素养与责任素养，学生骨干要以共青团、班团一体化或党支部建设为抓手，坚定理想信念，培养使命与担当，增强学生骨干责任主体意识和项目完成过程中的团队意识。

针对科学素养与人文素养，辅导员要充分了解学生的思想动态和观点看法，充分发掘课程思政内涵，将学科中所蕴含的爱国主义情怀元素、人文社会科学元素嵌入第二课堂的教学中。

针对网络素养，辅导员可以通过网络行为失范案例教学的方式，从网络素养缺失对个人和集体造成的危害之角度来进行培养。将社会主义核心价值观与网络素养紧密结合，营造风清气正的正能量网络文化和育人氛围。

针对能力素养，辅导员可以对各类学生骨干开展素质拓展、业务能力培训等，以提升学生骨干的核心业务能力和团队协作能力，加强个体与团队的沟通力、执行力，优化学生骨干工作方式方法。实行学生骨干以老带新制，让新任职学生骨干在有经验的学生骨干身上学习到更直接的业务技能，也能够充分发挥朋辈的标杆功效。

聚焦到案例中的小赵同学。由于是刚进入大学的新生学生骨干，其所表现出来的核心素养的缺失大多属于基础层面，也可以视为对于大学学生工作的不适应。辅导员应在充分了解该生的教育背景和学生干部任职背景后与他进行沟通，肯定他的潜在能力，但也要让他认识到他种种失范行为背后的根本问题是在于思想意识上对学生干部的定位有误。要从身份角色转换的角度让小赵将学生干部的本质定位到服务而不是权力，要充分发挥学生与老师之间的纽带和桥梁作用。这种定位也是培养他形成政治素养和责任素养的重要逻辑前提。

找准定位后，可为他安排一名高年级学生干部带教，并通过能力培训、网络素养培训、学生干部拓展以及岗位轮换制等方法与制度的结合，让小赵同学在与他人共同的学习、协作与积极的竞争中提升自我的网络素养和能力素养。

3. 对策、建议及反思

新时代学生骨干核心素养的培育与提升是新时代学生工作的重要内容。作为一名辅导员，要分别就“新时代”新在何处、“学生骨干”的个体与群体特征、“核心素养”的时代内涵与外延等进行清晰的界定，这样才能够为培育和提升学生骨干的核心素养提供理论支撑。

当学生骨干工作有不够妥当、不尽完善的地方时，辅导员应适时开展教育引导，结合个体特点综合判断分析个体素养缺失的内容，及时地帮助学生骨干精准提升缺失之处，获得自信。此外，也可多运用一些其他优秀学生骨干工作的鲜活案例，加以激励和指导，发挥正面典型的示范作用。

（徐剑　铁道与城市轨道交通研究院）

持续赋能，和谐提升
——如何激发和保持学生骨干的积极性

【案例介绍】

小魏本科期间学习成绩优异，是学院学生会的骨干成员，而且在本科阶段就成了一名光荣的共产党员。凭借出色的学业水平和综合素质，他获得了学院推荐免试研究生资格，在学院继续深造。研究生入学阶段，小魏积极主动地参与迎新等各项工作，在研究生党支部的选举中也高票当选为党支部书记。

研一阶段，小魏作为支部书记，妥善地平衡好了学业和支部工作之间的关系，游刃有余。然而，到研二阶段，辅导员明显地感觉到他作为支部书记工作“不在状态”，与老师的互动也不多。察觉到这一现象后，辅导员主动找小魏了解情况。小魏坦诚，现阶段对党支部书记工作有些困惑，缺乏新鲜感，工作上也遇到了一些瓶颈。例如，研二的同学更多的是在实习或者跟着导师做科研，不像研一因为课堂教学时常碰面，支部活动组织起来难度加大，出勤率也欠佳；研究生们对党支部活动的态度也出现了明显的差异，有的逐渐变得漠不关心，有的对支部活动质量有更高的要求。面对这种状况，小魏没有找到解决的好方法，再加上自己学业上的压力，因此表现得没有以往那么积极。

【关键词】持续赋能，研究生学生骨干，积极性

【案例解读】

学生骨干的选拔和培养是辅导员工作中的重要职责。针对本科和研究生阶段的贯通培养，在选拔阶段如何吸引本科阶段有“工作经验”的学生骨干在研究生阶段继续发挥作用，在培养阶段如何给学生骨干持续赋能，帮助他们进一步成长，着实是研究生辅导员应该思考并且积极付诸实践的内容。

1. 工作难点

本案例的主人公小魏在担任研究生党支部书记的过程中遇到的困惑和瓶颈，在研究生的基层党组织建设中具有代表性。学生党支部如何提升组织力，党支部书记如何引领支部发挥战斗堡垒作用，引领党员发挥先锋模范作用，组织开展受到党员同学“点赞”的党支

部活动，实现党支部工作质量和自身综合素质，以及未来职业发展的“和谐提升”，这些都是工作难点，值得研究和探索。

2. 工作思路及具体举措

辅导员针对小魏遇到的困惑，可以通过有针对性的沟通，给予其真诚的思想引导和工作指导。

首先，通过引导，学生党支部书记深刻理解加强党的建设和全面从严治党的要求，深刻认识到党务工作的严肃性和权威性，帮助党员骨干提高政治站位，强化政治意识，以强烈的价值感和使命感激发内生动力。

其次，针对党支部书记小魏所讲述的研究生党员对党支部活动“高要求”的情况，辅导员要鼓励小魏关心支部党员，了解他们的需求，在工作中倡导创新精神、担当精神，“只有敢于突破陈规和惯性思维，才能补齐思想观念短板，才符合马克思主义的哲学思维”；通过统筹策划，努力创新组织生活的形式与内容，从而提升基层党建的内涵与活力。

我们关注到，对研究生学生骨干的持续赋能，不仅满足了一些外在的激励需要，而且体现了学校注重学生骨干的培养过程，把培养学生骨干当作创造新的社会关系的动力来看待。

3. 对策、建议及反思

（1）辅导员要注重外部动机的认同调节机制，持续赋能，将学生骨干从事学生工作的外部动机转化为内部的价值取向，唯有形成了稳定的价值观和使命感，认识到党支部工作的权威性，才能形成可持续的工作动力。党支部书记必须具有共产主义远大理想和中国特色社会主义坚定信念，辅导员必须把学生骨干培养成具有强烈革命事业心和政治责任感的优秀者。

（2）内部动机的满足。辅导员可从自主需要、能力需要和归属需要三方面进行工作设计。一方面要主动贴近党支部成员，主动去了解研究生党员的需求与困惑；在能力需要方面，辅导员可设计整个研究生生涯周期的“党支部书记能力提升计划”，针对不同的年级和党支部书记不同的能力现状，给予分层、分类的个性化指导，切实提高学生骨干的“获得感”；在归属感层面，辅导员要发挥监督指导作用，帮助树立学生骨干的权威，引导设计富含集体荣誉感和归属感的党员活动，让学生获得党员交流和拓展社会关系的愉悦感和新鲜感。

（3）值得反思的是，在实际工作中，评奖评优等激励因素可以让学生骨干在短时间内产生成长感和获得感，但是对于可持续的赋能作用，还需要进行深入的研究和探讨。

（陈迅　经济与管理学院）

以文化人，以美育人

——如何指导学生社团贴近时代需求

【案例介绍】

在学生社团社长分组讨论的时候，某传统文化社团负责人反映，在经历了招新的“百团大战”和短时间的融入式活动后，社团成员招新以及留存社团的情况不甚理想。

招新阶段，很多同学对传统文化十分感兴趣，也想深入学习了解，但误认为社团加入门槛高、对专业基础的要求比较高，上手困难，因此望而却步；还有部分同学加入社团参加一两次社团活动后，感觉基础知识技能学习周期长且枯燥、成就感有限，因此超半数刚刚加入社团的同学不久后又退出社团。长期参加社团活动的人数不足 20 人，社团发展难以为继，因此萌生学期末准备注销的念头。

针对这一情况，学校统筹校园传统文化类学生社团开展深度调研，于新学期伊始举办学校首届传统文化节，举办一系列贴近时代需求的活动，涵盖经典诵读比赛、书画比赛、原创诗词比赛、摄影、设计创意作品比赛及传统文化集市、传统文化原创作品展等。通过广泛的宣传组织，相关活动不仅充分激发了传统文化类社团的积极性，有效解决了学生社团面临的现实困境，而且在校园内大力推广了中华优秀传统文化，营造了良好的校园文化氛围。

【关键词】学生社团，时代需求，文化育人

【案例解读】

学生社团是学生在自愿基础上形成的群众性文化、艺术、学术等团体，由兴趣爱好相近的同学组成。传统文化类学生社团可以有效地弘扬中华传统文化，坚定社会主义文化自信，但由于其社团属性需要较高专业基础，且社团本身宣传较弱，因此社团运行出现困难。通过有针对性的指导以及专项扶持，可有效扩大社团影响力，推进传统文化面向学生群体的广泛传播。

1. 工作难点

（1）学生社团具有自发性、自主性、不稳定性等特点。学生社团内部管理相对松散，社团运行自主性较强。部分学生社团成立时一时兴起，社团目标、宗旨以及对社团的规划

都不完善，因此加强对社团的管理以及如何有效引导社团贴近时代需求是工作难点之一。

（2）学生社团群众基础不足。由于传统文化类活动给学生以“曲高和寡”的印象，因此传统文化类社团所组织的校园活动处于“叫好不叫座”的尴尬局面。目前高校中的传统文化社团发展规模较小、影响力有限，难以满足广大学生学习传统文化知识的需求，因此需要为此类社团搭建合适平台，为其发展创造良好条件。

（3）学生社团指导教师不足。虽然要求每个学生社团均要配备指导教师，但部分传统文化、文化艺术类社团由于与学科差距较大，校内符合指导教师条件的教师较少。虽然一些教师担任了某社团指导教师，但对该领域并不精专，难以给学生专业指导。

2. 工作思路及具体举措

当前，社会主义文化自信越来越成为时代需求。习近平总书记指出，“全党要坚定道路自信、理论自信、制度自信、文化自信”，凸显中国特色社会主义的文化根基、文化本质和文化理想。大学文化的共性体现在每个大学都承担着文化传承的价值和理念，高校学生社团正是培育和践行社会主义核心价值观的重要阵地，是文化育人的重要载体，是第二课堂的引领者。

通过调研我们发现，社团成员较少、活动影响力不高的问题是传统文化类社团的共性问题。针对这样的困境，我们可以结合我校各传统文化类社团的特点，在全校范围内开展经典诵读、诗词创作、书画比赛及传统文化节目表演等体验式活动，以吸引更多同学参与其中，一同在体验过程中感受中华传统文化之美。

这样的活动为传统文化类社团提供了专门的宣传平台，活动开展过程中，现场参与学生众多，学生在参与传统文化活动中获得乐趣，找到成就感。同时，该社团陆续有包含比赛参赛同学在内的 20 余位同学加入，社团规模的壮大有利于社团的后续发展。

3. 对策、建议及反思

（1）推进高校校园内的社会主义文化自信建设是高校学生社团的重要任务。学生社团应贴近时代的需求，加强组织谋划，寻找合适的学生社团类型与时代需求进行对接，从社团角度出发，以每个社团独特的形式进行引导，实现社团与时代需求对接的新格局。

（2）通过在社团建立团支部、配备社团团工委辅导员等途径加强社团思想引导。社团建团及社团团工委辅导员配备是加强和改进共青团基层组织建设和组织延伸的有效方式。在社团团工委辅导员的指导下，结合社团特点，社团团支部的活动形式可以更加丰富，其凝聚力、活力、号召力均会增强，更好地起到弘扬社会主义文化的作用。

（徐岩松　唐志宇　校团委）

以诚为本，以信立人

——如何将学术道德教育一以贯之

【案例介绍】

小林是一名去年入学的理工科专业的硕士研究生，因其希望在研究生期间快速取得较为理想的科研成果，便在暑假提前进入课题组，开展前期实验探索，进行相关的样品制备和测试分析。小林积极查阅相关文献，勤奋好学，踏实认真，虚心请教，获得导师和高年级同学的认同和赞许。

然而，科研道路总是艰辛的。经过一段时间的探索，小林发现自己按照文献中的样品制备方法并未得到预期的性能及效果。眼看周围同学制作出性能优异的器件，分析数据图表也格外漂亮，不少同学甚至已发表了高水平的论文，小林的心理负担逐渐加重。为向导师汇报理想的实验数据，小林略微更改了实验结果，将相对完美的实验数据呈现在导师的面前。导师非常欣喜，对小林的工作给予充分肯定。小林顿感尝到了“甜头”，他便屡屡尝试“拼凑”“编造”数据。然而“好景不长”，导师在其汇报中发现了问题，便请小林现场演示实验，以证明数据的可重复性。无奈之中，小林硬着头皮进行实验操作，但无法再现“精彩”的数据结果，只能和导师道出实情。

【关键词】科学研究，学术道德，学术失范

【案例解读】

学术道德与学风建设是思政教育常抓不懈的重要工作，是保障研究生培养质量的重要环节。高校必须将学术道德教育纳入研究生日常培养与管理的每一阶段。研究生在开展科学研究的过程中，难免会遇到实验进展不顺、数据结果不理想等情况。同时，由于研究课题和领域的差异，研究生取得科研成果的周期也存在较大波动。

与科研初次接触的小林，对于自己抱有极高的期望，踌躇满志，脚踏实地。然而，在面对科研难关的时候，他缺乏对于科研失败的正确认知。他过于看重科研所带来的“利益”——高水平论文的发表、导师的信赖、同学的称赞等，以致为了理想的数据结果，不惜违背学术道德，做出难以弥补的行为。正是由于他的急功近利和投机取巧，将“学术道德”抛至九霄云外，走上了一条错误的道路，并且在这条路上越走越远。

1. 工作难点

（1）对于研究生而言，学术科研占据其绝大多数的学习精力。近年来，学术界科学道德失范、学术行为不端等现象屡屡出现，如曾引起广泛关注的翟天临事件，这不仅阻碍了科学研究的健康发展，也对教育事业及社会发展产生了非常消极的影响。因此，高校应自上而下营造积极向上的学术氛围，一以贯之地针对研究生开展学术道德教育，培养科学精神，完善学术人格，引导研究生成为德才兼备、以德为先的时代新人。

（2）案例中小林一时冲动“改造”数据只是表面现象，辅导员更需要帮助他解决的是他思想层面学术道德意识薄弱的问题，更严重来讲是诚信的缺失，以及不能正确对待科研的失败和他人的成功。问题解决的关键是引导小林树立学术道德意识，明确从事科研的意义和动机，深刻理解学术道德的内涵，充分认识学术失范的范畴及其带来的危害。科学研究的基础是诚实守信，这是做科研应该具有的最基本的道德素养。在“学术”的字眼里，应该始终与严谨求实、勇于创新、诚信负责、客观公正等科学道德风范紧密联系起来，这样才能够保持科学精神之树的生机与活力。

2. 工作思路及具体举措

（1）研究生是非常特殊的学生群体，因其年龄跨度大，思想差异明显，承受着科研、情感、就业、家庭等多重压力。从研究生的特点入手，依托多途径、多广度的教育引导，导师、班主任、辅导员及优秀学生党员或骨干凝聚合力，协同推进，形成全员全过程全方位育人格局下的学术道德教育网络。

（2）在与小林谈话前，辅导员应该先充分了解小林攻读研究生的动机，分析其从事学术研究的缘由，并从其导师处了解小林平时开展科研的态度。针对小林的错误，辅导员应教育小林从内心深处认识到编造、改动实验数据是学术失范的错误行为，违背了科学伦理，严重影响了学术前进的步伐。

（3）辅导员可以联合卓越大师、专业教师、导师、小林朋辈等多种力量，彰显优秀的榜样示范作用，充分发挥科研工作者言传身教的作用和人格魅力，以德立身、以德立学、以德施教，传承严谨求实的治学精神，启迪研究生的科研热情，让学术之花绽放出夺目的绚烂。

3. 对策、建议及反思

高校应开设学术道德专项必修课程，针对学术道德失范的案例加以针对性的告诫，同时建立科学道德和学风建设的长效机制。

研究生学术道德教育对于国家高新人才的培养具有至关重要的意义。持续推进学术道德教育，依托全员全过程全方位的育人模式，注重科学思想、科学方法、科学思维和科学精神的培养，切实做到“诚信”“道德”细胞融入校园教育的每一环节，体现在校园生活的方方面面。

（周龙　材料科学与工程学院）

第三章　日常事务管理

不经历风雨，怎能见彩虹
——如何开展大学生挫折教育

【案例介绍】

小王来自西南山区某小镇，自小成绩十分优异。性格内向的他不善言辞，父母双双务农，家庭经济困难，家中姐弟三人，两位姐姐纷纷辍学务农，把读书机会让给了小王。父母对考取大学的小王一直寄予厚望，希望他能努力改变家庭现状。小王还记得父母在他临行前的殷殷嘱托：“好好学习，家里的情况你清楚，要对得起两个姐姐。”

进校后，刻苦努力的小王凭借高中学习的底子，在大一和大二公共课较多的情况下学习成绩维持得不错。然而，到了大三阶段，专业课比重逐步增大，原本自信满满的小王不太适应专业学习，原来的学习方法也不太奏效。在大三期末考试时他的几门专业课程亮起了红灯，甚至达到了降级的标准。父母临行前的嘱托时刻萦绕在小王耳畔，给小王带来了巨大的心理压力。小王既不敢把降级的事告诉父母，又对自己的未来失去信心，寒暑假都感觉无颜回家。

在失望与孤独交织的时候，他开始在学校图书馆沉溺于武侠小说。留级之后，同学发现他到了上课的时候也会出寝室门，但从不出现在教室中，不上课也不参加班级活动，不和同学交流。因为家庭经济拮据，吃得很少，人日渐消瘦，精神憔悴，面色黯淡。经过观察发现，他常“躲”在图书馆中，捧一堆武侠小说，沉浸在虚幻的武侠世界之中。小王大部分时间独来独往，不与人沟通。同时，又因小王学业不佳，很多助学金都设立成绩门槛，小王也不能获得足够的助学金，因而他无法支撑正常的生活，最终陷入了无尽的深渊……

【关键词】挫折教育

【案例解读】

小王这样的情况也是许多大学思政工作者会碰到的，归根结底是如何开展对此类大学生的挫折教育，如何帮助他们树立克服困难的信心与正视挫折的勇气。这是需要我们认真梳理和认真处置的。

1. 案例特点

上述案例中的小王是来自山区的学生：自小成绩优异、性格内向，又肩负家庭厚望。

来自贫困家庭的学生，往往由于经济拮据和学习生活环境的变化，面临更大的压力。小王之所以难以在现实生活中找到自己的坐标，沉溺于武侠小说，究其根本是小王在学习上一直顺风顺水，没有经历过失败与挫折，当他面临大学学业的首次挫折时，没有做好心理准备，难以接受学业上的打击，以致自信心全面崩溃，只能在虚幻的武侠世界中做一只把头埋进沙子逃避现实的“小鸵鸟”。

2. 工作难点

难点一，面临重重压力的小王终究难以在现实生活中找到坐标，沉迷于武侠世界。事实上，无论是网络成瘾还是沉溺虚拟世界的学生，其共性都是在现实世界中存在无法解决的问题，通过“虚拟世界→转移现实问题→忘记生活烦恼→产生精神快感→虚拟世界……”一系列的条件反射强化了其沉溺虚拟世界的行为，久而久之，一时的逃避就演变成一种无法摆脱的、与现实脱节的状态，逐渐变成虚拟世界的俘虏。

难点二，小王一直活在过去，期待给别人留下完美的印象。他回避与同学往来，以免被大家知道自己已经“留级”；他回避和老师接触，所以不去上课，他知道老师是怎么看待一个学习成绩不好的学生的；他更回避和父母沟通，他害怕面对父母失望的眼神。

难点三，小王沉溺武侠虚拟世界只是表面现象，本质上是他对挫折的无所适从、对未来的迷茫和在现实中的孤独无助，因此关键在于引导小王直面挫折，唤起小王的内在力量，帮助小王重新树立信心、寻找内在原动力。然而这是一个漫长的过程，需要辅导员多次与小王谈心谈话，长时间监督跟踪小王的发展，必要时需要争取专业的心理咨询与介入。

3. 工作思路

“自古雄才多磨难，从来纨绔少伟男。”艰苦的环境能磨砺人的意志。挫折教育作为大学生心理健康教育的一种特殊教育，旨在教会学生认识挫折、正视挫折，帮助学生提高心理素质，健全人格，增强承受挫折和适应环境的能力。

谈话前，辅导员须先了解小王的家庭背景以及过去的经历，分析小王出现问题的原因。主动与小王建立良好的信任关系，真诚地关心、关注小王的内心需求，理解小王的心结，引导小王走出完美自我的圈子，活在当下，直面现实。

其次，针对小王沉溺武侠虚幻世界的现状，辅导员应当帮助小王回到现实中来，帮助他认识自我并分析困难：到底是自己能力不足，还是过于恐惧。需要让小王明白挫折并不可怕，可怕的是自己失去面对挫折的勇气。

接下来，可以从过去的经历中帮他找回自信心，并与小王一起探讨学习方法、制订计划。在监督小王的学业和生活习惯的同时，引导小王学会感恩，学会理解父母、爱护父母，主动与父母沟通。

4. 对策、建议及反思

首先，充分活用“罗森塔尔效应”①，实验表明，教师对学生的期望具有巨大的感召力和推动力，能极大地激发学生创造潜能的发挥。辅导员开展大学生挫折教育时，应根据个体不同的心理水平和特点，设置不同难度的挫折教育项目。

还应注意的是，辅导员要把握一个恰当的教育时机，采取有效的教育策略进行挫折教育。对于学生点滴的进步，一方面要第一时间进行肯定与赞扬，并进一步给予其成功的期许，让学生相信自己可以；另一方面，在大学生无法应对挫折时，辅导员要给予充分理解和鼓励，帮助其找到失败的原因，正确分析问题，找到归因，最终克服困难，重拾信心。

【参考文献】

[1] 江晨 . 大学生挫折教育新论——塞涅卡视角 [J]. 现代教育科学，2019（11）.
[2] 刘宗利，曹华，刘平 . 积极心理学视角下的大学生心理健康教育的新思路 [J]. 教育现代化，2017（12）.

（岑余璐　学生处）

① 罗森塔尔效应，亦称“人际期望效应”，是一种社会心理效应，指的是教师对学生的殷切期望能戏剧性地收到预期效果的现象。

循梦力行，向阳而生

——如何互促评奖评优与育人质效

【案例介绍】

来自偏远贫困地区的小李进入大学之后一直刻苦学习，但基础相对于发达省市的同学有些差距，所以大学一年级成绩只处于中等水平。看到别的同学获得国家奖学金，他心慕力追，决心要补足基础，努力拼搏。在随后的大学生活中，小李全心投入专业学习，还积极参加学科竞赛和创新项目，并担任学生干部，终于在学习、科技竞赛、学生工作中都取得了一定的成绩和荣誉。

初升研究生时，小李常困惑于如何适应新阶段的培养模式、如何抓紧全面提升个人能力、本科的学习方法是否适用等问题。学校、学院、系各层面组织了多场优秀学兄学姐分享会，先后请到多位荣获国家奖学金的“学术先锋”“科研达人”“实践积极分子”等，为学弟学妹讲述他们的研究生生活。榜样们踏实的学习态度、勤恳的科研作风、投身实践的热情和奉献精神深入小李心中。导师、辅导员因材施教，多次多途径谈心谈话，引导他学习、科研、实践全面发展，脚踏实地，稳扎稳打。他对国家奖学金的期盼与向往之心逐渐萌发，促使他化压力、迷茫为动力，在明白学习成绩、科研成果、社会实践、公益服务等都是奖学金评定中的关键因素后，他做好自身各方面的规划，以持续的热情行正确之事，在追求卓越的路上奋进。

小李全身心地投入专业学习并取得了可喜的成绩；此外他积极参与导师的科研课题，勤耕不辍，最终在顶级期刊上发表了论文，并取得了专利；在班级建设和志愿服务中他充分锻炼自身能力，在社会实践和公益活动中，他践行社会责任，产生了显著的社会效应。因优异的学习成绩、丰硕的科研成果、突出的社会服务工作等全方位发展，小李获评国家奖学金、校卓越奖等。小李能直面困惑迷茫，见贤思齐，积极调整，勇往直前，不断坚持和努力，最终成长为一个让自己、家人、学校骄傲的人，一个对社会有用的人。

【关键词】评奖，育人

【案例解读】

评奖评优工作不仅是一项事务性工作，还是育人工作体系中的重要一环，特别是要在细微之处丰富评奖育人工作的内涵，从而促进学生的全面发展，推动教育目标的实现。因此我们常常思考：如何紧紧把握学生的思想脉搏和特点，关心学生成长，通过评奖评优进行全过程激励和引领？如何进一步完善评奖工作体系，构建内容更为完善、标准更为健全、运行更为科学、保障更为有力、育人成效更为显著的工作体系？

1. 案例特点

评奖评优工作由于其评价体系的多维性以及集中体现综合育人要素的要求，工作内容难免繁复。小李在个人成长的道路上也曾经困惑迷茫，但他始终能够寻找差距、积极向上、坚持努力、追求卓越。首先，能正确联系并互促评奖评优与个人成长道路；其次，科学构建评奖体系框架也在学生培养中起到引领和导向的重要作用；再次，全程、全员育人的氛围亦不可或缺，老师因材施教关注学生个人成长、先进典型发扬榜样力量等丰富评奖的育人内涵。

2. 工作难点

难点一，深挖评奖评优工作蕴含的育人元素和育人逻辑，将评奖评优与全员、全过程、全方位育人格局紧密结合，于微末之间“润物细无声”，发挥评奖评优的育人功能。

难点二，准确把握学生思想脉搏，依据学生特点因材施教，将学生成长诉求、时代发展要求、社会进步要求等有机结合，科学提升工作质效。

难点三，围绕立德树人的根本任务，把握正确导向，细化评奖工作体系，优化评奖育人载体，规范完善工作体系。

3. 工作思路

评奖评优是高校思想政治教育工作的重要组成部分，将评奖育人细化到日常教育管理之中，提升高素质人才培养质量，促进学生全面发展。

首先，在强调专业和学术能力培养的同时，更注重对学生思想道德、理想信念方面的塑造和引领，深挖奖学金评定中的育人内涵，在各细微之处体现育人导向。

其次，引导研究生正确看待评奖评优。一方面，鼓励同学们积极争取、循梦而行，培养学生的进取、拼搏精神；另一方面，积极争取不等于急功近利，心怀“路漫漫其修远兮”的观念，除了荣誉以外，更加注重的是在争先的过程中个人的全面发展、见贤思齐后的自我提升。

同时，注重人文心理关怀，关心学生成长，引导学生正确评价自己，合理释放压力，鼓励学生依据自身特点，择善而从，规划努力的方向，一步一个脚印地走好自己的路，最大限度地激发个人成长潜能。

此外，把公平、公开、公正融入评奖全过程，把握工作规律，提升评奖工作科学化水平，与时俱进，在实践中不断总结、调整、修订。

尤其是注重先进典型在群体中的示范作用，评奖后对优秀事迹进行宣讲和分类经验介绍推广，借助榜样的力量进行思想引领，明确标准，确定阶段性学习目标，用身边事教育身边人，拉近普通学生与先进人物的距离，使先进典型变得可敬、可爱、可信、可学。

4. 对策、建议及反思

第一，深挖评奖育人要素，丰富内涵建设，将评奖评优工作与学生思想政治教育紧密结合，贯穿人才培养全过程，形成长效机制，打造良好的人才评价和培养环境，促进学生全面成长。

第二，在实践中不断完善和规范评奖考核维度和工作体系，根据学科特点和发展等，与时俱进，构建内容更完善、标准更健全、运行更科学、保障更有力、育人成效更显著的评奖工作体系。

第三，注意防范和规避细则制定、过程监督及结果反馈等环节中可能存在的隐患和风险，即确保评审公开、透明以及评审结果公正有据，促进学生群体开展公平、良性竞争，人人积极进取，奋斗拼搏。不公正的竞争会使学生产生不良心理。

第四，以学生为本，关注学生个体成长特点和发展诉求，重视发挥学生的主观能动性。选优争先是学生对标反思进而向阳成长的一个重要契机，优秀的学生找亮点，普通同学找差距，后进学生受激励。

第五，加强评奖评优队伍建设，运用评奖评优的激励作用，发挥全员育人的长效作用，提升育人水平。

（程春兰　土木工程学院）

组建专业化队伍，推进资助育人精准化

——如何让困难生的认定更加公平公正

【案例介绍】

来自四川省达州市某县的小陈是一名扶贫定向生。与大多数扶贫生稍显不同的是，当辅导员第一次见到小陈时，面容清秀的她穿着一袭漂亮的长裙，打扮得精致、漂亮。在新生周时，小陈不仅积极参与组织的各项文艺活动，还和另一位同学一起表演了钢琴和歌曲演唱的节目，给老师和同学都留下了良好的印象。

在整理家庭经济情况调查表的过程中，辅导员发现小陈也申请了成才服务对象。小陈在材料中自述家中老人常年多病，家里有多个小孩，父母没有固定收入且家庭开销很大。在社区居民委员会提供的证明材料中，显示小陈家里有五口人，70 岁的外公外婆和 44 岁的父母亲，父母失业，且欠银行贷款 170 万元。辅导员注意到了后面括号中写了房贷，能够有能力支付这样房子的首付并且维持生计，家里父母应该也不是单纯的失业。虽然按照当地提供的证明，小陈符合认定为一级成才服务对象的学校标准，但似乎又与实际情况有所出入。

小陈究竟是有意为之，还是无意之举？由于这关系到小陈自身的诚信和资助育人功能的体现，辅导员赶紧联系了小陈详询情况，一头雾水的小陈解释说家里确实孩子很多，但都是表兄弟姐妹，而她自己确实是独子。父母亲在亲戚那里上班，个体经营收入着实不稳定，家里情况真的不富足，但父母都将最好的给自己，包括省吃俭用供自己学习各种才艺。她深知父母节俭与操劳，把一切看在眼里，所以希望自己能够申请助学金，得到帮助。

只是她没有想到，有更多比她需要帮助的同学，只有在助学金的资助下才能继续完成学业……

【关键词】困难生认定，资助育人，精准化

【案例解读】

在目前的困难生认定中主要遇到三类情况：第一类是真正困难的同学羞于申请认定；第二类是有意利用审核程序的漏洞申请认定；第三类是部分缺乏认知与对比的同学认为自己需要申请困难生。区别于第二种情况，第三种情况主观上是无意之举，而小陈同学就是典型的第三种情况。

1. 案例特点

错误认为自己需要申请困难生认定，最根本的原因不是学生诚信机制出了错，而是缺乏认知与对比，认为国家的助学金就是给来自困难地区的学生发放的，存在一定困难并符合政策就可以申请。这样的学生主观上并不存在恶意，想为家庭分担压力的初衷是好的。对这样的学生在工作中要注意维护学生自尊心，肯定其感恩孺慕之情，鼓励学生通过个人努力为父母减轻重担。

2. 工作难点

难点一，公平公正认定困难生的难点在于困难生申请的体量大与工作精力有限的矛盾。一次谈话难以反映学生的真实情况，必须多方面详细了解、多次谈话，才能了解学生生活的各个方面。

难点二，困难生认定与助学金发放的工作属性致使其无法公示，故缺乏监督机制。能否获得当地政府的证明视当地民政部门与居委会的材料把关严格程度而定，材料的可信度难以保证。此外，为了维护团结友爱的同学关系，极少有同学会对困难生认定和助学金发放提出异议。

难点三，遇到不符合申请资格而进行申请的情况，需要对申请学生进行个别谈话教育，特别要注意谈话的方式方法，还要对申请的情况进行甄别、核对，不能让学生错以为自己的诚信受到怀疑，伤害他们的自尊心。同时要让学生意识到问题的严重性，认识到自身的错误。

难点四，提升困难生认定工作的精准度，要做到不能遗漏家庭实有困难的学生。在维护学生自尊心的前提下，还需甄别羞于申请的学生和一些家庭实有困难，但家庭收入情况不满足学校规定的人均年收入线的学生。

3. 工作思路

首先，建立专业的困难生认定队伍。从学生资助的基本原理、历史经验、科学方法等方面，构建探索学生资助认定体系方法和实践模式。建立以学院党委书记、分管学生工作党委副书记、纪委书记、学工办老师为认定工作组统筹安排认定工作。辅导员、班主任、导师三位一体对学生的情况进行评估。

其次，充分发挥学生骨干作用及助学服务对象互相监督机制。由班级学生骨干、班主任、辅导员共同组成评审小组，从学生最亲近的朋友和老师入手侧面了解，掌握一手的真实信息。同时，鼓励助学服务对象之间建立相互监督机制，包括监督是否积极参加各类社会实践、爱心公益活动等。

此外，建立困难生定期谈心谈话制度，把实地家访与困难情况调研相结合。班主任在新学期开始与学生进行一对一的谈心谈话，重点了解学生的学习生活情况，并做好成长记录。

对于困难生，要建立定期谈心谈话的制度，全面关注受助学生的家庭情况和受助后的成长动向。每年通过复核家庭经济困难学生情况、调查校园卡消费情况、家访等途径及时掌握经济困难情况，实现对家庭经济困难学生的动态调整。

4. 对策、建议及反思

第一，许多大学生缺乏挫折教育、实践教育和感恩教育，缺乏对生活百态的认知与对比。比如该案例中的小陈，她或许没有看到隔壁寝室来自西部的同学，通过助学贷款和东拼西凑凑到学费和生活费才得以入学，因为生活拮据在学习之余还兼职勤工助学。对于小陈的教育可以分为三个方面：①请她作为班级生活委员，关注身边同学是否存在学习、生活和经济方面的困难，在工作中让她了解不同层面的困难是什么样的；②鼓励她通过勤工助学方式补贴生活费，并和父母长辈沟通自己的本意；③鼓励她以这件事为启发，策划多种多样的校园文化活动，引导同辈的大学生在实践中践行挫折教育、实践教育和感恩教育。

第二，平时的助学工作要重视感恩教育、诚信教育与实践育人。受助不是一味地索取，而是要实现“他助—自助—助人”的转变与成长。许多大学生简单地认为别人的情况可以受助，我也可以。不少学生将受助看成单纯的经济受助，而非长远的、全方位的助学成长。学院要通过开展心理健康大讲堂、社会实践活动、社团活动、科技创新节活动、志愿服务活动等方式，帮助受助学生解决心理问题，锻炼学生自我能力，体现自我价值，提高自身综合素质，使助学服务对象在收到经济资助的基础上为学院、大学、社会做出自己的贡献。

（秦瑾　医学院）

大学生勤工助学与育人功能探讨

——如何更好发挥勤工助学的育人功能

【案例介绍】

小 A 是一个不善言辞的学生，家庭经济较拮据，因此小 A 入学之时就加入了学校的勤工助学实体，一方面想要为家庭减轻经济压力，另一方面也想锻炼自己，在实践中提升自己各方面的能力。

小 A 在实体中积极表现自己：一方面勤于值班，认识更多的部门同事；另一方面积极参与勤工助学实体内部的活动，并主动协助学兄学姐们组织活动。通过一年的磨炼，小 A 取得了有目共睹的进步。

在生活中，小 A 通过值班减轻了家庭的经济压力，也交到了很多朋友，个性逐渐变得开朗；在部门里，由于小 A 积极参与部门的活动组织，承担一定的职责，所以渐渐能够开始独立策划活动了。

小 A 放假回家后老同学们都惊讶于小 A 的变化，小 A 也为自己的改变感到高兴，于是他在部门里更加认真地工作，让自己有机会向着更远大的目标前进。

【关键词】勤工助学，育人

【案例解读】

通过上述案例，不难发现小 A 加入勤工助学实体后有许多可喜的改变，体现了勤工助学的育人功能。此外，可以思考从哪些层面充分挖掘勤工助学的育人功能，帮助学生在这个过程中成长、成才。

1. 案例特点

在加入了学校的勤工助学实体后，小 A 发生了很大的改变。首先，小 A 从不善言辞的腼腆孩子变得善于沟通交流、与人协作；其次，小 A 的个人能力与自信心在勤工助学实体的各项活动中得到充分的锻炼，活动策划能力、领导与组织能力、沟通与协调能力都得到很大的提升；再次，小 A 通过自身的劳动收获为自己的家庭减轻了经济压力，不仅在心中种下了感恩的种子，更懂得依靠自己的努力能为自己创造更好的生活条件，变得更加独立自强。

2. 工作难点

（1）该案例体现了勤工助学的哪些育人功能？

一是帮助学生树立积极乐观、自立自强的信念。勤工助学为大学生提供了一个减轻经济压力的渠道，帮助学生自立自强、靠自身劳动来获取经济收入。这对大学生来说，一方面减轻自己的经济压力，让学生不再因为家庭经济情况而自卑，提升个人自信；另一方面有助于培养大学生独立自主、自立自强的品质。

二是有助于培养团队合作精神。众人拾柴火焰高，团队合作意识对于大学生的成长具有十分关键的作用，勤工助学活动的开展有助于团队合作意识的培养。每一项活动的成功举办都离不开团队协作与沟通交流，充分利用活动开展的契机，有效培养学生团队合作能力以及与他人交流沟通的能力，从而达到 1+1>2 的功效。

三是提升人际交往能力。在勤工助学的岗位上，学生可以通过与不同性格的老师、同学进行交流，形成与社会较为相似的工作环境，使其能够提前体验与适应职场氛围，促使学生在人际交往能力方面得到充分提升。

（2）从案例来看，勤工助学还可以从哪些方面实现育人功能？

一是以实践丰富自身学识。首先，勤工助学活动可以使大学生从大量的实践与体验中丰富认识，弥补其知识结构在实际生活中的短板。其次，在勤工助学中，大学生在知识层次上得以升华。大学生可以把个人的实践融于社会实践之中，运用所学知识更好地为社会实践服务，发挥认识的能动作用，实现从理性认识到实践的飞跃，使所学知识在运用中得到检验。

二是以实践锻炼个人能力。勤工助学有助于培养学生生活上的自理能力，有利于培养事业上的自我设计能力。大学生可以按预定的实践目的，紧密联系客观实际。在此基础上，进行自我调整、自我设计、自我完善，使个人发展适应社会的需求。

三是以实践锤炼自我思想。勤工助学中，大学生通过个人劳动、服务奉献等社会实践，以感性认识体验社会的丰富性、生动性，加深对国情民情的了解，紧跟时代前进步伐，这对于树立为人民服务的人生观具有十分重要的现实意义。

3. 工作思路

（1）加强指导

目前有些学生对勤工助学活动的认识有偏颇、行动上有偏差，他们认为勤工助学就是为了赚钱。有的学生在选择勤工助学活动时，只以有形报酬作为衡量度，而并不看重在勤工助学过程中得到锻炼的无形价值。这就需要我们对大学生进行正确引导：提倡学生为国家做贡献，使学生增长才干，取得合理的收入；重视学生能力的培养，树立正确价值观。

（2）从“劳务型”向“智力型”转变

目前劳务型勤工助学活动虽然能帮助学生解决经济困难，但对专业学习促进不大。而智力开发型勤工助学活动与学生的专业学习、能力培养和成才要求紧密关联，不仅能给学生经济帮助，更重要的是能给学生更多的能力锻炼，这些应该成为大学生勤工助学活动的主要类型。为此，要做到勤工助学活动的三结合：一是与科技活动相结合，促进学生创新精神和实践能力的培养；二是与教师的科研工作相结合，这既有利于教师科研课题的完成，又有利于学生学习专业知识，锻炼科研能力；三是与专业特长相结合，发挥专业优势，体现学以致用的原则。

（3）应把勤工助学作为思想教育的新领域

勤工助学活动是思想政治工作的好举措。首先，开展勤工助学活动，使学生亲身体验劳动的辛苦，学生自身价值能得到实实在在的体现，其情感、知识、能力得到充分发挥，促进其对现实的全方位了解，同时有利于把思想教育工作落到实处。其次，也可以充分发挥勤工助学的思想教育载体功能，有组织、有目标地开展思想教育与心理教育活动。

4. 对策、建议及反思

高校勤工助学不仅是解决贫困生经济困难的重要途径，还是促进贫困生成人成才的十分重要的活动，特别对贫困生世界观的形成、较好文化素质和良好道德修养的养成，以及业务技能和综合素质的提高都具有很强的育人功能。

目前只有部分参与勤工助学实体部门管理的学生得到了实质的锻炼，其余的大部分学生只有一个值班平台，他们的各种能力、技能都没有得到提升。勤工助学的育人功能，不仅要帮助大学生解决生活困难，更要帮助大学生提升自身的素养和能力。

勤工助学还可以关注内部员工的基础能力培训。因为不是所有人都能像小 A 那样得到发展，产生巨大的改变。因此，勤工助学可以关注个人的基础能力培养，例如：提升同学的 Office 办公软件操作能力、教会同学如何经营微信公众号、教授 PS 技巧等。

只有从各个层级开展育人活动，才能更好地实现勤工助学的育人功能。

（谭武　学生处）

讲纪律，重规矩；懂人心，知方法

——如何更好开展学生的规矩教育

【案例介绍】

小刘（男）同学在大一期末考试中作弊，被巡考老师发现，辅导员找小刘谈话。小刘平时学习比较认真，人也比较老实，性格内向，和同学交往不多。发生这样的事情，小刘既后悔又害怕，后悔自己一时冲动犯下错误，也担心此事会影响他未来的人生。事后，学校给予其记过处分。小刘得知后，状态非常不好。此后一周内，该生失眠、食量锐减，并且大部分时间都独自待在宿舍，既不外出，也不与人交流。

【关键词】规矩教育

【案例解读】

本案例中的学生违反纪律后，辅导员该如何将思想教育工作和安抚情绪有机融合？辅导员应当把握学生心理特点，有效开展工作。

1. 案例特点

第一，针对小刘在考试中作弊的行为，辅导员应站在管理者的角度亮明态度，讲纪律，重规矩，守护学校的规章制度。第二，作弊被发现对性格老实的小刘造成非常大的打击，这需要辅导员以育人为本，关心为主，更多地理解、共情、关心和鼓励，鼓励他知错就改，为时不晚。在小刘得知自己受到处分后的一周内，精神状态比较低落，导致失眠和食量锐减，此时需要辅导员对其情绪状态进行评估和疏导，必要时建议其就医和寻求咨询。在该过程中，辅导员需要做好服务和协调工作。第三，辅导员后续还需要对小刘同学的状态进行跟进，并多提供一些可以展现自我、锻炼自我的机会，让他从受处分一事中走出来，提高自己的认识，着眼于未来，树立远大的理想和目标。第四，通过班会等形式，开展全面性的教育引导，在班级内形成讲规矩、重纪律、敬畏制度的良好班风。

2. 工作难点

该案例的难点在于如何将教育、管理、服务三者有机结合，既让学生认识到自己犯下的错误需要自己承担相应的后果，敢于担当，树立责任意识，同时也要对学生的情绪进行疏导，让他明白，要摆脱影子，就要转向阳光，着眼更美好的未来。既然该处分已经成为既定的事实，就要学会接受，并通过不断学习来提升自己、锻炼自己，将来为祖国做贡献，实现人生价值。

难点一，在开展规矩教育的同时要晓之以理，动之以情，让小刘同学认识到自己的错误，并能感受到老师的关心。这就需要我们在不同阶段灵活转变，扮演好教育、管理、服务多重角色。

难点二，以本次事件为契机，引导小刘树立正确的自我认识，帮助他剖析原因。或许因为小刘对自我有过高的期待所以才触犯了规则底线，一时头脑发热才有作弊之举。因此，需要和小刘探讨作弊的深层次原因，以期对自己有更深的认识；也让他看到虽然结果不尽如人意，但是只要堂堂正正做人、踏踏实实做事，前景永远是敞亮的。

3. 工作思路

首先，辅导员需要对小刘同学的情绪进行疏导，表示理解他当下的情绪，先不急于进行批评教育，而是和他聊聊他以前的生活、他将来想要的生活，让他感受到老师的关心，也让他了解人生之路的各种风景和坎坷。

其次，辅导员要和宿舍同学、班级骨干、社区管理人员等保持沟通，要密切关注小刘的情绪状态，同时要注意保护小刘的自尊心。

再次，辅导员需要与家长进行沟通，通过家校互动，更好地协助学生渡过难关。在学生情绪状态相对稳定之后，开展规矩教育。让学生明白考试作弊违反了校纪校规，每个人都要为自己的行为负责并承担相应的后果。希望他在今后的学习生活和工作中，都有规矩意识，遵守规则，做一个脚踏实地、心胸开阔、有理想有目标的青年。

此外，还需要利用班会等多种途径，开展规矩教育。培养每个同学知法、懂法、守法的意识，还要知校规、懂校规、守校规。

后续还需跟进小刘同学的情绪状态及对该事件的认识程度。一方面，通过探讨作弊的深层动机，形成正确的自我认识，明确自己的人生目标，眼光长远，不要仅仅局限于眼下的成绩、奖学金等。要着眼于未来，对今后有一定的规划，树立正确的人生观、价值观、世界观。目标和方向坚定，就不会走偏。另一方面，提供更多锻炼的机会，让小刘认识到自己可以通过努力，实现自己的人生价值，为祖国建设做出贡献。

4. 对策、建议及反思

在不同的情况下，辅导员需要灵活转换角色。对于那些事情发生后无视校纪校规的学生，需要拿出威严，用校纪校规严肃批评教育。对于事件发生后情绪状态不好的学生，先要共情学生的情绪，不急于批评教育，等情绪状态相对稳定后，再跟学生讨论行为背后的深层动机，以形成正确的自我期待和认识。同时也要让学生认识到自己已是成年人，需要对自己的行为承担相应的后果。

规矩教育需要全员、全过程、全方位地开展，需要多种途径开展入学教育、班会、班级活动等，让学生认识到制度、规则的重要性。

（刘谦　电子与信息工程学院）

需求对接，建立学业成长共同体

——如何搭建好学生学业发展的加油站

【案例介绍】

小李来自云南的一个偏远乡村，凭借“贫困专项计划”，降分 60 分进入同济大学。作为村里第一个大学生，他肩负着父母的厚望和家族的寄托。

然而，进入大学之后，因为基础薄弱，他感受着巨大压力。看着周围同学学习轻松、成绩优异，他虽奋力追赶，但不尽如人意的测验成绩却让他屡屡心灰意冷，逐渐开始自我怀疑和自我否定，心情抑郁。

只知道埋头苦学的他，既不敢向任课老师询问问题，也不好意思和同学交流情况，更羞于和家里倾诉学业状况，只能一个人孤单追赶，差距却越拉越大。在期末考试的时候，四门专业课全挂上了刺眼的红灯，他处于崩溃边缘……

【关键词】学业指导

【案例解读】

案例是“贫困专项计划”学生可能面临的典型问题，其核心是如何开展学业指导与辅导工作。总结这类学生的特点与攻克的难点，对我们日后的工作有一定的启发意义。

1. 案例特点

“贫困专项计划”的学生多数自降分录取而来，因此相比其他同学，小李基础薄弱，学习压力大。而小李难以尽快进入学习状态主要可能有以下几方面原因：①学习基础薄弱；②好胜心强；③害怕交流带来的无法调适；④性格内向带来的支持系统缺乏。这一系列原因导致小李的心境和学业越来越差，缺乏学业支持系统，使得小李“想变好”却不知道“如何变好”，由此陷入了学业和生活的困境。

2. 工作难点

（1）自身基础薄弱：小李凭借“贫困专项计划”入学，客观上，他就是降分录取的，再加上大学与高中学习方法的差异，如果缺少帮助，小李便很难进入正常的大学学习状态，很难找到适合自己的学习模式。

（2）心理感受挫败：除了客观上的学习困难，小李还陷入了自我怀疑。一直以来都是所处环境的佼佼者，突然进入了一个“山外青山楼外楼，强中自有强中手”的环境，小李面临的不仅仅是学业发展的困难，更是由此引发的心理问题。成就感、价值感的迷失将小李带入了焦急地想要改善却无法改善的恶性循环。

（3）支持系统缺失：因为害怕丢脸，小李从来不与周围的同学、老师交流学习的情况，而是孤军奋战。然而，大学学习与高中学习有很大差异，不再是一个人埋头苦学就能学好的，需要和周围同学适时交流，寻求支持，改善方法。

3. 工作思路

（1）精准疏导，直面学业困难本质：小李的情况是典型的因为学业不适应而导致的恶性循环，这样的情况在学生中屡见不鲜，特别是一年级新生很可能出现由于适应性问题造成的学业压力，但只要及时调整状态就可以迎头赶上。因此，辅导员应先与小李沟通，引导他客观认识差距，直面问题，梳理学习方法中存在的问题，同时，准备一些学业困难的案例，鼓励小李只要找到合适方法，就可以找到突破口，随后共同制定后续学习目标和方法，达成辅导员提供学业支持的共识。

（2）朋辈互助，建立学业加油站：考虑到小李害怕和同年级同学、老师交流的心理，可整合学院资源，在学院层面建立由高年级学霸组成的学业帮扶队伍，开展“讨论班”“答疑辅导”“一对一结对”等多维度的系列行动，为小李提供学业支持。为小李寻找“共学伙伴”，通过日常交流、线下约图书馆等形式，鼓励、监督、引导小李学习；以学霸讲课的形式，面向小李所在的年级开展“讨论班”，为同学们查缺补漏；建立线上答疑社群，邀请小李等同学加入，进行日常问题解答。

（3）持续孵化，形成学习共同体：学霸辅导的本质是建立小李与周围同学的学习共同体，大家在这个体系下，形成学院内的互助共学机制。在这个共同体里，小李不仅是受助者，还是努力者，如在组织“讨论班”等过程中促使小李寻求价值感，帮助他尽快走出学习困境。

4. 对策、建议及反思

（1）对于“贫困专项计划”学生而言，他们往往面临着由经济困难带来的学业发展困难、环境支持困难等多维贫困的情况，辅导员应在入学时就加强对这部分同学的关心和关注，把握学生情况。在开学初期，就建立对他们的多维助学机制，包括学业支持、心理援助、职业规划等，帮助他们建立适合、科学的目标。

（2）学业发展最关键的时期是第一学期适应期，若在这一学期未形成良好的学习习惯，养成适合的学习方法，就会陷入学业困难。因此，辅导员在开展学业帮扶时，应抓住“第一学期”这个关键时期，整合专业教师、优秀学霸、同班同学等各类资源，全覆盖、分层次、主动地建立学业发展加油站，帮助学生尽快完成高中学习到大学学习的过渡转化，为他们提供学业支持平台。

（3）“学业共同体”的本质是需求的对接，在建立帮扶机制的时候，成绩优异的学霸为成绩稍显落后的学弟学妹提供支持和指导，在这个过程中，学霸本身也能获得成就感。为确保项目可持续，共同体内部的激励机制、选拔机制、孵化机制及培训机制显得尤为重要。在学业共同体中，每个学生既是受益者，也是助人者，大家通过各自不同角色的设定，比如组织工作、讲授工作、整理工作、宣传工作等，共同为“学习共同体”贡献自己的力量，最大程度实现学霸与学业帮扶对象的需求对接。

（彭婧　数学科学学院）

高校学生事务管理工作中的灵活性和原则性

——如何应对学生在办理出国（境）中遇到的特殊问题

【案例介绍】

案例1：2018级博士研究生小王参加了CSC联合培养博士生项目，赴美国加利福尼亚大学伯克利分校就读。其间，他受邀参加美国亚利桑那州立大学举办的学术会议。会议举办方需要参加会议人员出具相关证明方能参会。美国加利福尼亚大学伯克利分校明确告知他的相关证明应当由同济大学办理。按照《同济大学学生出国（境）管理规定》关于“公派出国（境）学生应在出国（境）办理学校派出手续”的规定，小王不符合办理条件。由于会议时间临近，小王十分着急，打电话联系辅导员给予帮助。

案例2：2016级研究生小张，于2019年3月完成毕业论文答辩，顺利毕业。同时，他也考取本校博士研究生，将于同年9月入学。4月初，他接到了美国一高校举办高级别学术会议的邀请，会议时间是7月27日至8月3日。他在登录同济大学学生出入境系统后，发现自己的学籍账号处于离校注销状态，无法办理相关手续参会。为此，小张十分着急，向辅导员求助。辅导员联系相关部门，在学院和研究生院的帮助下，小张顺利办妥了参会事宜。事后，小张十分感谢。

【关键词】办理出国（境）

【案例解读】

许多高校学子都有出国（境）学习交流的需求，但是现实生活中总有难以避免的特殊情况，在办理出国（境）手续时遇到意外阻碍。高校辅导员需要比较熟悉学校关于学生出国（境）办理的程序，把握出国（境）事务办理过程中的关键环节，灵活处理好特殊情况和出国（境）审批相关规定的关系。

1. 案例特点

（1）学生出国（境）事务具有很强的政策性。学生出国（境），尤其是到境外公派学习和学术交流，涉及学生的个人发展和切身利益。学生在国（境）外既代表学校形象，又代表国家形象，是一件不同于日常的学生事务。案例中小王和小张参加国（境）外高校学术交流，对他们个人来说这是一个拓展知识视野的重要机会，然而对照规章制度，他们又不能按照正常程序办理。

（2）学生出国（境）事务具有较强的规范性。学校高度重视学生出国（境）管理，出台了专门规定，明确了相应程序，具有严格的办事流程。在正常情况下，大家都要严格遵守程序，尊重制度的权威性和严肃性。

（3）学生出国（境）事务集中体现了学生工作的服务性。优化工作流程，不等于摒弃程序。学生遇到的难题是客观存在且难以避免的，如果不能灵活处理，对于学生来说既失去了一次重要的出国（境）交流机会，也会影响学生和学校之间的关系。

2. 工作难点

（1）对学生出国（境）办理工作重要性认识尚不到位。学生出国（境）办理不同于一般学生事务，具有较强的政策性、政治性和严肃性。有的境外敌对势力打着学术交流的幌子，对青年大学生进行资助，造成不好的影响。辅导员在协助学生办理相关手续的过程中，有可能会由于认识不到位、工作不到位，造成工作差错。

（2）全面掌握学生公派出国（境）情况有一定困难。案例 1 中小王身在国外，这对直接了解有关美国亚利桑那州立大学举办的学生会议的具体情况造成了困难，尤其是在时间比较紧的情况下，核实真实情况有一定难度。

（3）存在着如何准确把握原则性和适当运用灵活性的问题。案例 2 中小张已经答辩完毕，学籍也已经注销，已经不符合在校生公派出国（境）的办理对象。如果对照文件条文，就不能为小张办理相关手续。但考虑到小张 9 月份即将攻读博士学位的实际情况，又可以对相关规定进行适当灵活处理。

3. 工作思路

（1）全面了解相关情况。学生遇到难题，第一时间找到辅导员是把辅导员当作值得信任的知心朋友。辅导员要满怀热情，积极帮助同学解决困难。首先要全面、深入了解真实情况，确保得到的消息较为真实。同时，要明确是哪一个环节、什么原因导致不能申请，了解学生遇到的实际困难。仔细对照办事流程，综合考量，再将学生遇到的困难向领导和相关职能部门反馈，以免轻率地做出决定。

（2）准确把握问题关键。要清楚了解办理流程中的关键点，比如：对学生政审，既要对学生全面了解，还要对学生进行政治教育；委托同学办理，需要提供委托书等程序。

（3）把握好原则性和灵活性的关系。及时将学生遇到的特殊情况向学院领导汇报，争取领导的支持和同意。然后，针对学生遇到的特殊情况，向学校相关职能部门咨询意见，看是否需要提供补充材料等，既要保证遵循规章制度，又能为学生提供方便。

4. 对策、建议及反思

（1）不断加强政策学习。学生办理出国（境）表面上看是一件行政事务，但本质上具有较强的政治性。辅导员要自觉加强政治理论学习，增强政治敏锐性，提高政治鉴别力。同时，要加强事务性政策学习，熟悉工作流程和工作要求，做到心中有数。

（2）切实增强服务意识。学生管理与服务工作是做人的工作，全部工作都是为了学生成长成才，培养德智体美劳全面发展的社会主义建设者和接班人。辅导员要当好学生成长成才的引路人和知心朋友，帮助学生解决实实在在的困难和问题。

（3）立足解决实际困难。既要把握规章制度的严格要求，做到依规办事，坚持原则性，又要积极帮助同学想办法，解决实际困难。

（徐畅　环境科学与工程学院）

高校学生事务管理与服务能力建设的积极实践

——如何指导学生提高事务性办理能力

【案例介绍】

案例 1：W 同学受邀参加一次国际高等学术会议。收到邀请书后他十分兴奋，但他从来没有出过国，性格内向的他感到十分茫然。经过慎重考虑，他鼓足勇气向之前出过国的师兄请教了办理情况。按照师兄的指导，他登录学校出国（境）办理系统，填写个人申请，提交了相关材料，后面就没有再登录系统查询了。过了一个星期，他才想起出国申请事宜，发现登录系统申请失败，主要原因是信息内容填写不规范和上传不完整等，导致审批流程无法正常进行。由于签证时间紧迫，W 同学非常焦急，他联系了辅导员。辅导员联系学院负责审批的老师和职能部门，最后帮助他解决了问题。

案例 2：Z 同学收到一封国外学术会议邀请函，征求导师同意后，顺利出国参加会议。在她出国期间，班级通知要改选班委。身在国外的她无法正常参加，错失竞选机会，这让她感到非常沮丧。事后，她主动找老师谈心，认为班长和班主任不尊重她，让她失去了自我锻炼的机会和平台，一度对班主任和班长产生了抵触情绪。

【关键词】学生事务，管理，服务

【案例解读】

上述两个案例值得我们思考的是，学生遇到的问题来源于对办理出国（境）手续的不了解。学生工作本身具有琐碎性，学生出入境管理也是学生工作的一部分，需要辅导员及时、恰当地予以帮助和解决，不断优化出国（境）管理和服务工作。

1. 案例特点

（1）学生事务具有琐碎性的特点。学生日常管理和服务工作琐碎、繁杂，容易让人忽视。如果对学生遇到的这些实际问题关注不够，处理不当，或者不能给予及时解决，轻则影响学生的生活和学习，重则影响他们的心理健康，乃至人生成长。事务性工作的办理需要辅导员投入更多的精力，耐心细致地了解情况，切实帮助学生解决实际问题。

（2）学生工作的具体事务与思想认识相联系。青年学生的很多问题多与思想认识有关。案例中的两个事件表面上看没有什么关联，一个是办事粗枝大叶，另一个是觉得别人处事不公。究其根本，问题都出在他们对于出国（境）会带来哪些机遇和问题认识不足。

（3）学生事务性工作具有专业性的特点。学生事务办起来很具体，但又有其专业性特点，比如学生审批程序的指导、出国（境）前的专题教育、出国（境）后常见问题等。对于这些问题，有的可以在规章制度中找到，有的需要进一步优化流程，有的需要老师积累经验，提前做好教育和引导。

2. 工作难点

（1）对于学生的诉求需要及时关注和回应。学生遇到问题时一般第一个想到的是辅导员（班主任），也时常把辅导员（班主任）当作自己的知心朋友和引路人。这些问题可能很琐碎，需要耗费老师很多精力和时间。老师一定要及时回应学生的诉求，热情主动地帮助学生解决他们遇到的实际问题。

（2）要加强对学生方法和规律性问题的指导。学生日常管理面对的都是一个个实实在在的问题，虽然有些问题看起来都不能称之为问题。但如果头疼医头、脚疼医脚，只能陷入事务，不能系统性地解决问题。这就需要辅导员既解决一个个实在的问题，又思考问题背后的根源和规律性，提前指导，增强工作的预见性和指导性，减少重复性。

（3）深入做好学生思想工作。解决学生实际问题，就要了解学生的真实想法，换位思考，考虑学生的切实诉求和遇到的难题，感同身受，不能简单化、片面性地处理问题。

3. 工作思路

（1）细心关注学生遇到的困难。学生遇到的问题千差万别，急切求助老师的，都是需要解决的，也是其经过慎重考虑的。W 同学遇到的是出国（境）审批材料提交不规范，不能及时审批，自己疏忽，耽误了办理时间的问题。这里面有该同学做事不仔细、做事习惯不够好的问题。Z 同学遇到的是，因出国（境）没能参加学生干部竞选，错失良机，心里想不开，产生心理不平衡的问题。

（2）有针对性地协调解决问题。对于 W 同学遇到的事务性问题，要帮助他解决难题。针对审批过程中的问题，及时联系相关负责老师，完成工作审批，不耽误学生签证的办理。对于 Z 同学遇到的思想认识问题，要与她进行一次乃至多次深入的谈话，向她讲清楚出国（境）参加学术会议本身就是一次个人的机遇，可能会与其他事情冲突，自己应当有心理准备，讲清楚班委的按期选举是学期初就定下来的，不是针对她个人的，这是既定的工作安排，与班主任和班长对她尊重不尊重没有关系，讲清楚班委本身就是为学生服务、锻炼能力的，她可以通过其他方式锻炼自己，提高能力。

（3）对事务性工作进行总结和提高。要对学生遇到的问题进行梳理和总结，在其他同学办理出国（境）前或在主题班会上把常见问题提出来，提醒同学不要出现类似问题，或者告知遇到类似问题的解决方法。如在学院的网站上，开辟专门针对国际交流、出国（境）

事务的板块，将详细的出国（境）审批流程及需要学生填写的表格以附件的形式发布在网站上，便于学生了解和下载。再如，开展出国前的交流，清楚学生出国（境）的政治性、安全性和纪律性要求，做好注意事项提醒。

4. 对策、建议及反思

（1）“以学生为中心”是学生工作的根本宗旨。服务学生不是一个抽象概念，而是要体现到具体事务中。这就需要学生工作者切实树立“以学生为中心”的工作理念，始终把学生放在心里，想学生之所想，急学生之所急，真正成为学生的人生导师和知心朋友。

（2）解决实际问题是做好学生工作的根本要求。青年学生思想活跃，富有激情，但也涉世未深，需要老师担负起教育引导的职责。“言传身教”，既要向学生讲道理，上好理想信念、道德品质、综合素养的课，也要用自己的实际行动，通过每一件小事、实事、贴心事和温暖事去感染学生，帮助学生解决生活和学习中遇到的实际困难，这样才能真正赢得学生的心。

（3）勤于梳理和总结是深化学生事务性办理规律性把握的重要途径。对于学生遇到的问题，要勤于梳理、总结，把类似的情况和问题进行汇总，做好提醒和教育，增强工作的系统性和预见性。

（徐畅　环境科学与工程学院）

协同合作的共同体
——如何畅通学工与教务信息共享与互助

【案例介绍】

小安大一第一学期的不及格学分累计超过了 25 学分，心理辅导员启动预警机制，在联合教务员核对小安的学分、确认学籍情况后，将小安的情况告知了班主任、年级辅导员和家长。辅导员和教务员互通了小安补考的信息，督促小安及时参加考试。教务员第一时间获得小安补考成绩后，告知了辅导员，并通知小安到教务科办理降级程序，但小安迟迟没有行动。辅导员联系了他的父母，小安终于办理了降级，辅导员老师为他重新安排了班级。

一年后，小安的父母陆续前来陪读，但是小安的学习成绩还是不佳。随后小安表达了休学的想法，学院立即启动辅导员、教务科、家长、学生四方会谈。在了解休学的政策后，小安办理了休学。小安复学后，心理辅导员和教务每学期核对不及格学分的信息，做到及时预警。小安“跌跌碰碰”持续到毕业，辅导员联系教务老师对小安的学分进行核查，在多方的帮助下，小安终于毕业了。

【关键词】协同合作，信息共享

【案例解读】

本案例体现了学校学工队伍与教务队伍的及时沟通、协同合作在帮助学生及时克服学业困难方面起到的重要作用，但是学工和教务之间的沟通往往不够密切和及时，而且少有常态化、规范化、流程化的沟通机制。因此需要从本案例出发，思考如何构建学工与教务的信息共享、沟通协作机制，使得学校各项工作更加顺利、有序地开展，帮助学生成长成才。

1. 案例特点

小安同学的成长离不开辅导员和教务员的共同努力，辅导员和教务员需要共通信息，承担共同但有区别的责任。学工部门负责了解学生的思想动态，联系家长，整合资源，教务科是学生成绩、学分、学籍、选课等权威、专业的发布者。厘清各部门的职责，共同帮助学生成长成才。

2. 工作难点

（1）学工与教务如何无隙、有效地沟通？

本案例中，学工和教务通过系统授权、微信工作群、教学例会等方式进行沟通，从一定程度上增加了信息的流动性。但是小安经历了一次降级、一次休学，不及格学分仍然在警戒线的边缘，这从一定程度上表明双方的工作有效但不完全起作用，学工和教务如何调动各自的资源，采用更主动、有效的方式，是工作的难点。

（2）学工与教务的沟通如何常态化、规范化、制度化？

本案例中，在经过了一系列的磨合后，学工和教务形成了常态化的工作流程。教务会帮助辅导员开通查看成绩和课表的权限，以便能实时了解学生的成绩动态；提供每学期学籍变化的学生名单，以便学工部门管理。教务和学工成立了工作沟通微信群，将教学例会制度化，除教务科成员参加外，还有学工部门的代表、负责教学的副院长、各系负责教学的副系主任参会，以便能够互通信息，有效沟通和决策。

（3）学工与教务等部门如何建立联动机制？

学生入学以后，学院各个部门都会涉及学生管理——学（研）工办、教务科、院办、各系办、外事办，如何在实际工作中做到部门之间的有效沟通，建立联动机制是难点。疫情期间的网上授课，更需要学工、教务等部门合作联动，解决师生的网课困难，建立师生线上联结，保障云端教学的顺畅。

3. 工作思路

（1）工作理论依据：信息不对称理论

“信息不对称理论”是由三位美国经济学家——约瑟夫・斯蒂格利茨（J. E. Stigliz）、乔治・阿克尔洛夫（G. Akerlof）和迈克尔・斯彭斯（M. Spence）提出的，是指交易中的各人拥有的信息不同。在本案例中，学工、教务等部门无法获取对方的信息，造成信息不对称，以致工作效率降低，学生不能一次性获得“一站式服务”的信息。学工和教务信息不对称主要是因为分属两个系统：一个是学工系统，由学生处下达信息；一个是教务处（现为本科生院），由教务处下达命令。两个部门的工作职责和工作重点是不同的，但是最终目标是一致的，即帮助学生成长成才。基于共同的目标，各部门之间需要协力突破信息不对称的壁垒。本案例中，小安在心理辅导员的重点学生名单上，同时，小安也在教务科“助飞计划”的名单上。在这种情况下，尤其需要信息互通，整合资源，打好组合拳，有效帮助小安。

（2）权限互通，权责分明

要消除信息不对称，需要全面沟通，消除信息孤岛。对于学工和教务部门来说，需要权限互通，且职责分明。在本案例中，教务授予了学工部门老师查看学生成绩及选课情况的权力，以便辅导员能实时掌握学生的学业情况；心理辅导员根据学生的成绩进行学业预警，但是具体涉及学籍变动的情况，以教务员的通知和办理为准；学生办理休学期间成绩的处理、学生期末缺考等信息，创新学分认定、培养计划学分核定等涉及成绩、学籍、课程的事宜，都以教务为准。本案例中，涉及关键的学籍变动情况，辅导员都会联合教务员，进行多方会谈，从专业、权威的角度告知小安及其父母相关的信息。

（3）建立沟通平台，形成制度制约

要消除信息不对称，还需要整合资源，实现协同效应。学工和教务的工作都是琐碎的，工作中需要建立一个沟通平台，也需要制度去制约。本案例中，辅导员和教务员建立了“学工—教务工作群”的微信沟通渠道，这是一个可以实时沟通的非正式平台。以小安为例，在微信群建立前，辅导员和教务员都是不完全、不实时掌握小安的情况，在微信群成立后，小安成了教务科的 VIP，如有关于选课的咨询、课程的替换等事宜，辅导员也可以第一时间掌握。本案例中，学工和教务分别形成了例会制度，以每周固定的时间，通报和讨论相关的事宜。

4. 对策、建议及反思

（1）形成全员育人、全程育人、全方位育人下的部门联动机制。以本案例为例，小安休学涉及的部门有学（研）工办、教务科、系办、心理咨询中心、宿管科等。如何做到既能一站式服务，又能在每个环节达到育人的效果是需要思考的问题。学工部门的重点学生管理和教务部门的“助飞计划”有重合的部分，如何在上级部门布置工作任务时，就能整合资源，确定共同而有区别的责任，是实现部门联动的首要程序。

（2）构建协同合作共同体。辅导员的工作伙伴不局限于辅导员队伍，在一定程度上可以与教务员等行政管理人员形成职责明确的协同合作共同体。一方面，部门之间在互通有无的日常联系中，建立共同的责任目标和情感联结；另一方面，教工支部可以和学生团建、党建活动结对共建，创造机会，让行政部门的老师和学生形成联结，以加深行政老师对“教师”身份的认同感，促进师生沟通，以德为先，践行立德树人之路，帮助学生成长成才。

【参考文献】

[1] 哈耶克 . 个人主义与经济秩序 [M]. 邓正来，译 . 北京：生活 · 读书 · 新知三联书店，2003.

[2] 陈瑶 . 行政沟通中的信息不对称规避研究 [D]. 长沙：中南大学，2010.

（李柳醒　建筑与城市规划学院）

高校信息化建设的与时俱进
——如何让学生信息系统的建设更加人性化

【案例介绍】

某高校不同的职能部门对于学生信息的采集各自为政：教务部门采集和录入学生成绩、课程、学籍变动等信息，需要学生配合信息录入工作；就业部门负责采集应届毕业生或需就业学生的就业相关信息；学工部门需要汇总并录入学生的班级日常管理信息、勤工助学信息、奖惩信息等各类辅助信息。不同的职能部门对学生信息分批采集，且很多信息存在重复采集，导致各部门浪费了大量的时间和精力。这不仅让各部门工作人员非常困扰，还让学生对此有很大的意见。

此外，该高校的学生信息系统的平台界面不完善，操作不方便，功能实现后没有对网页界面进一步优化。各平台的浏览器选取也不同，导致不同信息平台的浏览器兼容问题突出，浏览器的使用限制让学生无法随时完成信息的确认和更新，用户体验较差。

一个月前，学校学生信息系统突然崩溃，学生的部分信息遭到了泄露。学生基本信息、父母的工作单位及家庭住址等信息被盗取。随后一段时间，在校的部分学生及家长先后收到了垃圾广告、推销信息及骚扰电话，这让他们很震惊，系统安全性也再次遭到质疑。

【关键词】信息化建设，人性化

【案例解读】

上述案例充分体现了高校信息化建设仍然不完备，这不仅降低了日常工作效率，还给学生、家长造成困扰。因此需要我们加强对信息化建设人性化、便捷性、安全性等方面的重视，同时克服统一信息化平台的现实困难、突破工作壁垒，不断优化高校信息化建设。

1. 案例特点

国内高校信息化建设的起步相对较晚，对信息化建设的重视程度参差不齐，加之经费短缺，信息化建设水平相对落后。高校学生信息管理系统在安全性和使用便捷性方面存在的问题主要表现在以下三个方面：①现有信息系统单独建立，缺乏统筹协调和完整的组织架构，导致共享性差；②在以管理者为主体的方式中，信息取舍依赖于管理者对于信息的认知和喜好，而较少考虑满足学生的需求；③系统的安全性有缺陷，存在安全隐患，等等。

2. 工作难点

（1）如何突破部门间壁垒，实现信息化统筹建设。该高校学生信息系统平台建设是按照传统的职能部门进行定位的，其管理模式是多头管理，导致学生信息存储分散，每个部门在进行信息录入时，因缺乏沟通，导致学生信息系统数据频繁重复录入。尽管各个部门都是从满足本部门需要的角度来收集学生信息的，信息内容侧重各不相同，但是从大数据整合的角度来看，这样会造成信息重复或遗漏，进而导致信息数据偏差和耗费学生的时间、精力。

（2）思想意识站位不够高，对信息化建设的必要性认识不足。该高校从上到下对学生信息管理的重视程度不够，很多情况下，各个部门仅关注本部门的信息获取和使用，而不考虑信息共享的效用最大化，更没有考虑过高校信息管理系统化建设的必要性和重要性。

（3）打破已有系统建设的兼容性难题。已有的学生信息管理系统仅限于使用一种浏览器，对于其他浏览器无法兼容，既导致用户使用非常不方便，用户体验差，同时各系统间的兼容性也存在很大问题。

（4）信息系统建设安全性问题。要保证信息系统的有效应用，就需要确保信息平台的安全性以及数据存储的安全性。

3. 工作思路

（1）统一思想，提高站位。高校学生信息化建设是建设一流大学的必备要素。信息化水平的高低在很大程度上将影响学校的整体管理和运行效率。通过统一思想和提高站位，可以有效地打破部门间信息采集和使用的壁垒，进而有利于建设可统一采集和分模块读取的学生信息管理系统。

（2）信息采集统一，信息使用分层。建立分模块的信息管理系统，将系统功能设定为输入和输出两个维度。学生是信息的输入者，学生和各部门是信息的使用者。通过系统建设将各部门的数据模块化，同时根据工作需要设定不同的信息使用和编辑权限。学生以及各部门都可以根据已有的权限进行信息读取。在信息录入时，以学号作为固化信息点，输入学号即可以录入和读取信息。

此外，学生信息管理系统建设需要保障建设和维护等各类需求的各项资金；同时通过统一服务采购，确定平台开发公司，负责技术层面的支持，取消各部门的单独服务采购。

（3）确保主流浏览器的可兼容。需要根据目前普遍使用的浏览器情况来制定兼容策略。如目前常用的浏览器有 IE 浏览器、chrome 浏览器、360 浏览器、搜狗浏览器等，学生信息管理系统应该具备兼容性，不能仅限定单一浏览器。

（4）保障系统信息安全。由于学生的信息十分敏感（有家庭信息），一旦泄露，将造成严重后果。建议安装必要的验证软件，考虑开发类似腾讯、搜狐等页面的推送功能，验证成功后，在屏幕右下角弹出相关的通知信息作为重要的补充。当然安全漏洞是不可能百分之百消失的，只能不断减少漏洞，通过系统安全日志不定期维护，为系统漏洞打补丁，最大限度保障系统的安全。

4. 对策、建议及反思

（1）学生信息系统管理是各高校重要的日常管理工作之一，涉及校、系、师、生的诸多方面。随着高校校园网的迅速普及和教学体制的不断改革，学生日常管理工作日趋繁重、复杂，迫切需要学生管理信息系统具备功能强大、操作简单、管理集中、分散操作、信息共享等特征。只有实现人性化的学生信息系统建设，学生各项管理工作才能朝着数字化、智能化、综合化的方向良性发展。

（2）大数据时代已经来临，建设具有高校自身特色的学生工作信息化系统来提高高校思政工作水平已经成为现实。例如：年级学生成绩整体水平、违规数据集中在哪栋宿舍、哪些学生进入图书馆比较多等。这些数据将真实反映学生管理制度的成效，进而指导学校进行制度建设。

（3）高校学生信息管理系统作为一项工程，因其复杂性的特点导致建设中存在诸多问题，需要通过持续的实践来慢慢解决。除提升技术支持外，更多的是管理理念的转变，实现各个部门之间的沟通配合，才能确保高校学生信息管理系统切实有效发挥作用，更好地促进高校的发展。

【参考文献】

[1] 张芳．“互联网 +”背景下的高校信息化建设 [M]. 北京：经济科学出版社，2019.

（葛蕾　软件学院）

春风化雨，润物无声
——如何开展诚信主题教育

【案例介绍】

案例1：小红，女，大二学生，平时因校外实习等原因致课业落后。在专业课期末考试前，她意识到自己对学习的投入不足，知识积累欠缺，因此对考试成绩充满担忧。在重重焦虑的压迫下，她打起了做小抄的主意，以备不时之需。在考试过程中，小红果然遇到多处不会作答的内容，但考虑到作弊被发现将直接面临被开除学籍的严重后果，她最终打消了看小抄的念头。不料，考试结束交卷时，她事先准备的小抄不慎掉落，恰被监考老师发现。

案例2：小赵，男，往届毕业生，在校期间曾申请国家助学贷款，也曾多次获得国家励志奖学金，毕业后在一家国企上班，并依照毕业时签订的还款协议按月还款。较长一段时间后，因工作繁忙，赵某误以为自己的助学贷款已经偿还完毕，也未仔细查询核实。随后，他因购房向银行申请贷款，却在个人信用记录中被查出贷款尚未还清，银行因此拒绝了他的贷款申请。

【关键词】诚信教育

【案例解读】

小红、小赵两个案例体现了开展诚信教育的重要性。我们应当认识到诚信教育内涵的丰富性，并通过不同层次、多种内容、各类形式的活动开展诚信教育，不断提升诚信教育的精准面、针对性、覆盖率，将诚信教育深入学生内心，提升诚信教育的学习效果。

1. 案例特点

两则案例暴露了大学生中存在的诚信问题，通常表现在以下几个方面：在学业方面，考试作弊、学术论文抄袭、借口逃课等；在经济活动中，通过弄虚作假等手段获得经济困难生认定或国家助学贷款、不按期偿还国家助学贷款、信用卡透支后弃之不用等；在社会交往活动中，简历注水、不遵守合同协议等。

案例一中的小红，平时未将重心放在学业上，考试临近才方寸大乱，生出了通过“旁门捷径”蒙混过关的侥幸心理。尽管她最终放弃了作弊，但其携带小抄进入考场的行为已明确违反了考试纪律，构成作弊。事实上，她这种“以备不时之需”的心理本身也是一种不诚信的思想。而学术诚信的缺失不仅不利于个人长远发展，还会损害学术界的声誉，给国家培养创新型人才造成阻碍。

案例二中的小赵，虽然在校期间品学兼优，就业情况也令人满意，但他存在诚信还贷意识薄弱的问题。对于因一时疏忽产生的蝴蝶效应，小赵在惋惜经济损失的同时，更应反思自己对诚信教育相关知识的欠缺。现实中，还有许多同学可能因为就业不理想而面临较大经济压力，故选择了“铤而走险”，逃避还款。然而，这样的做法不仅会对申贷学生今后的生活和工作造成不利影响，还严重违背了助学贷款政策执行的初衷——激励学生通过自身力量成长成才，反哺社会，同时增强个人的信用意识和金融安全风险意识。

2. 工作难点

（1）当前诚信教育工作存在碎片化问题，长效机制未形成，针对学生成长需求和社会人才需求，如何系统梳理诚信教育体系是第一个工作难点。高校进行诚信教育一般分为全校统一教育和学院层面的专业教育。前者的针对性和时效性不强，难以落实到每一位学生身上，更多停留在“考试季提一提、毕业季点一点”的碎片化层面；而在学院层面，虽落实范围缩小了，但学院囿于有限的资源，会出现单一化、片面化的诚信教育，诚信缺位情况依旧存在。

（2）如何在开展主题化诚信教育的过程中，根据学生不同的发展阶段、不同需求，将不同主题的诚信教育资源进行整合是另一工作难点。针对诚信问题在不同方面的表现，对学生的诚信教育形式是不同的。针对不同学院、不同专业、不同性格特征的学生，诚信教育的形式应当是多样化的。然而，当前“形式”教育仍然存在，诚信教育的多样化难以具象展开。

（3）第三个难点在于如何让学生愿意并乐于参与到诚信教育活动中，使其在诚信教育活动中真正有所收获。因此，关注诚信教育覆盖面的精准性和针对性，着力提升学生的接受度，分层分级地开展适合的、有针对性的、效果良好的诚信教育，让学生喜闻乐见、积极参与并有所收获，应是当前诚信教育工作的关键。

3. 具体举措

根据以上案例带给我们的思考和当前诚信教育过程中遇到的工作难点，为使诚信教育能够主题化且有针对性地进行，取得真正实效，高校应与时俱进，结合新媒体网络时代的优势，根据学业、经济、生活等不同方面的诚信隐患设计多样化的诚信教育活动，调整行动方针。因此开展一个涵盖诚信教育不同方面主题的、成体系化的、有长效性、可持续的系列教育活动尤为重要，可以开展“以诚立身，以信树人”诚信校园行主题活动和“十个一”诚信教育主题系列活动等。

诚信教育主题系列活动能够在全校营造良好的诚信氛围，深化诚信教育，如“一场宣传展”活动等可在全校营造诚信环境；该系列活动也能激发学生的主观能动性，让学生主动地加入活动中，切身感受诚信的重要性和严肃性。如：“一封倡议书”“一场签名会”活动等取得了明显效果；另外，“一首三行诗”“一个小视频”活动等通过紧密结合新媒体网络时代的优势，采用丰富且具特色的形式吸引学生乐于参与其中。

4. 对策、建议及反思

（1）主题化的诚信教育需要形成持续性、系统性的长效机制，解决诚信教育工作碎片化的问题。利用长效机制促使学生将诚信内化为个人品质和综合素质，为学生踏入社会打好道德基础。

（2）诚信教育活动需要针对不同需求精准设计。关注不同学院、不同专业、不同性格特征的学生，注意不同发展阶段的学生的不同需求，针对不同对象提供形式多样的诚信教育。

（3）诚信教育应做到具体问题具体分析，将诚信教育具体化、形象化、生活化，关注学生的接受情况，以期达到事半功倍的效果。

【参考文献】

[1] 唐昊 . 高校学生诚信教育的工作思考 [J]. 当代教育实践与教学研究，2020（05）：227-228.

[2] 刘颖 . 大学生助学贷款下受助学生诚信问题与应对策略探析 [J]. 智库时代，2020（01）：97-98.

（徐纪平　学生处）

第四章　创新创业与职业生涯教育

博采众长，锐意创新
——如何通过跨学科组队促进学生全面发展

【案例介绍】

“城市 360”是由同济大学经济与管理学院重点跟进的优秀跨学院项目。团队依托同济大学经济管理、建筑城规、电信及软件工程等学科优势，致力于更新利用城市中的“畸零空间”，即宏观城市或者微观社区在规划建造时产生的一些被切割破碎并且不规则的空间。

经济与管理学院重点关注、持续支持该项目的深化与优化。得益于跨学科的项目特色，“城市 360”能够以项目形式孵化不同学科方向的专业比赛，已获得 2018 年“创青春”全国大学生创业大赛上海市银奖、2018“互联网 +”大学生创新创业大赛上海市铜奖、2018 同济大学经济与管理学院厉兵秣马创业赛一等奖、2019 年教育部第十六届“挑战杯”全国大学生课外学术科技作品竞赛暨同济大学第四届“卓越杯”特等奖、2019 年教指委“全国大学生创新方法应用大赛”国赛一等奖、2019 年上海市知行杯“往社区走”全市十佳示范项目等，并获得“2018 同济大学国家级大学生创新创业项目”立项；参与了全国大学生暑期创新创业夏令营，顺利入驻同济大学创业谷。

【关键词】跨学科科创

【案例解读】

本案例中项目通过跨学科组队，激发小组成员跨学科思维的能力、综合通识的能力、多学科深化的潜力。跨学科学生团队中不同类型的学生都能获得正向引导与积极促进。其中，综合能力素质强、知识涉猎范围广，但专业素质不够扎实的同学，能够在项目组内充分发挥自己的综合素养特长，并借此学习专业知识。而精通专业领域的学生，通过发挥自身优势，正向跨学科交流互鉴，进一步激活探索交叉学科知识的潜力与志趣。

1. 工作难点

（1）发挥学科优势，促进跨学科交流互鉴。同济大学是一所特色鲜明、在海内外有较大影响力的综合性、研究型、国际化大学，综合实力位居国内高校前列，其理工类专业更是名列前茅。而经济与管理学院，作为一个文理兼顾的综合性学院，在以理工科见长的综合性大学校园内，如何发挥学科特色，与其他学科专业学院融合互动、共同提升，这是验证点之一。

（2）跨学科朋辈互动，构建跨学科学生科创团队。经济与管理专业学生善长文本撰写，表达能力强，创新素养高，且拥有相关专业领域内如制作报表等专业实践技能。整体而言，各类创新项目及比赛对经济与管理专业的同学有着较强的需求。如何将擅长逻辑分析、数据计算的理工类学子“请进来”，同时将擅长口头表达、思维创新的经管学子“送出去”，是经管学院学生科创指导工作的重点，也是难点。

2. 具体措施

跨学科为何如此重要？艾伦·雷普克（Allen F. Repko）在《如何进行跨学科研究》（*Interdisciplinary Research: Process and Theory*）中提出了跨学科的定义：跨学科研究是回答问题、解决问题、处理问题的进程，这些问题太宽泛、太复杂，靠单门学科不足以解决；它以学科为依托，以整合见解、构建更全面认识为目的。

（1）支持跨学科科创项目成型与落地，激活学生跨学科思维与能力。在“城市 360”项目中，不同学科的组员根据自己的专业，在组内都能充分发挥自己的特长。经管专业的学生善于撰写文案、计算项目成本；建筑城规专业的学生则负责设计规划畸零空间，提供改造想法；电信及软件学院的学生负责创建网络平台，推动项目落实。在项目推进过程中，通过学院和指导教师的引导，来自不同学科的学生互相交流，经管专业的同学能够了解城市规划和电信及软件方面的相关知识，城市规划、电信及软件专业的同学在巩固并发挥自身专业知识的同时，提高了撰写文本的能力。这样的合作过程提高了学生获取交叉学科知识的能力，真正做到了促进学生全面发展。

（2）促进跨学科朋辈互动，碰撞跨学科思维的花火

在大学中，不同学科代表着不同的专业思维。传统的大学专业教育使学生只能接触到有限的知识和思维，而学生在学院和指导教师的引导下，通过跨学科组队开展项目，深层次进行跨学科朋辈互动，从而产生思维碰撞，达到全方位拓展自我的目的。尽管有关跨学科的实践才刚刚起步，整个体系还不够成熟，在发展中还存在着一些问题，但不可否认的是，跨学科的学习模式已经成为一种推动学生发展的有效方式。

（3）立足学院，依托学校，面向社会，不断提高科创

指导教师跨学科素养与思维。同济大学经济与管理专业依托自身创业校友的综合性，实现了第一课堂到第二课堂乃至第三课堂的有效延伸，具有开展创新项目的先天条件；而经管学院科创指导教师们均积累了丰富的创新创业经验，能够为学生的创新创业项目提供贴切和中肯的建议和指导，促进跨学科组队项目的顺利开展。教学相长，教师先行。科创指导教师不断提升自身跨学科素养，综合促进学生形成跨学科思维、跨学科创新以及跨学科综合能力。

3. 对策、建议及反思

纵观高校管理与学术理论界，跨学科科创项目的推进、团队构建、工作机理、育人规律等还处于发展与探索阶段。跨学科科创项目的指导需在师生互动过程中不断总结经验，把握规律。经济与管理学院将进一步探索跨学科科创指导工作模式与范式，进一步拓展跨学科项目规模，提升立德树人质量，将学生培养成为高质量、综合类的创新型社会栋梁及专业经营人才。

（郭禹辰　经济与管理学院）

洞察问题，持续发力

——如何通过社会创新实践持续为青年学生赋能

【案例介绍】

小崔是一个心地善良、有上进心、性格内向的同学。进入大学的小崔一直在思考自己该成为什么样的人。她发现有很多选择，大学生活有无数可能性。然而，面对这些可能性，她却不知道该如何入手。大学一年级的她，因为害怕专业知识不够，害怕自己能力不足，害怕孤军奋战，陷入了自我怀疑，迟迟不敢迈出第一步，特别是看到周围的同学似乎都在忙碌着，找到了发展方向，小崔就更加感到迷茫。

大一暑假，她在老师的鼓励下，参加了暑期社会实践，前往云南的山村进行短期支教。在这次短期支教中，她利用自己的专业所长给当地的孩子们上课，调研当地乡土文化的传承情况，和队友协作制作项目成果集。在一系列社会实践中，她第一次感受到自己与社会的链接，看到了自我价值，发现自己虽然本科还未毕业，专业知识还不够扎实，但也可以为这个社会做出属于自己的贡献。

于是，从云南回来之后，她找到了自己的兴趣方向，针对社会调查中发现的文化失传问题，进行进一步研究，开启了社会调查类的科创项目。然而，新的问题接踵而至，实践无门、专业不对口、学业与创新项目的平衡，让她在社会创新的推进之路上举步维艰。在困惑之时，辅导员鼓励她参加“挑战杯”全国大学生课外学术作品大赛，引导她找到了指导老师。在不断路演、作品修改的过程中，小崔逐步获得了丰硕的研究成果。

依托学校创新创业平台，小崔接受了一系列社会创新创业教育，探索将已有的科研成果深化落地，成为科创项目。小崔发起了社会创新项目，组建了科创团队，获得了“创青春”全国大学生创业大赛公益赛道上海金奖。

尤为鼓舞人心的是，在这个过程中，小崔找到了自己的人生兴趣和未来发展目标。后来，小崔选择跨专业攻读遗产保护方向的博士生，继续追寻人生价值。

【关键词】科创赋能

【案例解读】

针对学生的成长发展，当代学生很容易陷入“想做但不知道做什么、如何做”的迷茫，这个时候对学生进行持续的引导和教育非常重要，而社会创新实践相对来说可操作性强，参与度高，是较好的介入模式。在这个案例中，小崔面临三个重要转折：①初入学校时，有满腔热情，但面临不知道如何迈出第一步的迷茫，需要及时引导；②当她开始非本专业类社会创新实践时，面临知识储备不足等问题，需要有效赋能；③当形成一定社会创新成果时，面临成果转化与深化等问题，需要专业孵化。本案例打通了“社会实践—社会研究—社会创新”链条，在三个重要时期及时给予小崔持续性、全过程赋能，支持她发现自我、提升自我、成就自我。

1. 工作难点

（1）初入大学之后，面对多种选择，小崔无法找到自己与社会的链接，陷入了迷茫，这是很多青年在刚入大学之后时常面临的困境。面对如何将想法转化为行动、如何做些“有用的事”、如何将学到的知识转化为行动、如何创造社会价值等一系列问题，很多学生就像小崔一样，陷入了迷茫。如何让他们在进入大学之后尽快找到自我价值，是本案例的第一个工作难点。

（2）小崔在初步尝试了社会创新带来的价值感体验后，开始将实践转化为科研项目，试着进行学术研究，深化实践成果。然而，由于专业知识与能力尚较薄弱，小崔面临着从实践到科研的诸多挑战。在学生找到兴趣方向并付诸行动后，思政教师如何协助并提供相应的项目支持、团队支持、指导支持等，是本案例的第二个工作难点。

（3）小崔在深入研究之后，获得了一系列研究成果，具有一定的转化可能性。然而社会类议题在落地过程中面临一定的困难，如何给小崔匹配合适的创新创业教育，让她具备将研究成果转化为社会创新行动的能力，是本案例的第三个工作难点。

2. 具体措施

（1）及时引导，创造机会。像小崔这样有上进心的学生，在她陷入迷茫之初，我们就应该第一时间介入，旨在提供机会，引导学生体验成就感与价值感。暑期社会实践是一个较好的平台，其育人功能内涵丰富。辅导员鼓励小崔投入社会实践，在与他人合作、共同完成既定目标的过程中，获得成就感，走出迷茫。

（2）持续关注，搭建平台。一个学生的发展与成长离不开各类教育平台与教育资源的支持。为了引导小崔更好地实现自我价值，辅导员针对校内外各类项目和学院基本情况，为小崔引流，链接资源，搭建平台。具体来看，针对小崔“想参加实践却不知道如何入手”的困难，辅导员根据“选题困难”“缺乏指导老师”“组队困难”“缺乏培训”等具体维度，精准建立社会实践平台，并提供长效孵化支持，全程关注小崔创新创业作品的转化与深化。

3. 对策、建议及反思

（1）社会企业、公益创业的需求，往往来源于哲学、社会科学类的学术创新，而哲学、社会科学类的学术创新，往往从生活中来，从实践中来。因此，“社会实践—社会研究—社会创新”是一个有效的实践育人闭环，能够引导学生激发创意，开展行动，创造价值。辅导员在日常工作中，可以引导同学们从社会实践着手，参与到自己感兴趣的“社会需求”“社会问题”中，在实践中发现值得持续推敲的问题。

（2）以赛促学，持续赋能。本案例有效链接了创新创业工作的三大重要比赛：社会实践大赛、“挑战杯”课外学术作品大赛、“创青春”全国大学生创业大赛。以赛促学的形式，为小崔提供了源源不断的动力和支持，有利于项目的推进，并在项目推进过程中，帮助小崔不断找到兴趣所在，为她持续赋能。

（彭婧　数学科学学院）

科技报国，勇攀高峰

——如何以赛促学，培育科创拔尖人才

【案例介绍】

马同学来自土木工程学院，品学兼优，尤其对创新创业非常感兴趣。大二的马同学在学习桥梁基础课程的时候，发现现在桥梁裂缝的测量方式以人工为主，非常古老。马同学创造性地提出将无人机引入该领域，通过“大疆”拍照实现远距离测量桥梁裂缝且实时传输。相较于传统的测量方式，无人机测量更省时省力。在辅导员的推荐下，马同学首先申请了“同济大学创新实践计划 sitp”，初步对项目进行规划，组建了志同道合的团队。然而校级 sitp 项目经费较少，专业教师指导有限。接着，马同学来到同济创业谷寻求帮助。在团委老师的建议下，他从旁听开始，慢慢了解如何从点子向项目落地，并凭借这个项目入选同济创业谷“梦想助力”奖学金，拥有了项目启动资金。随着项目不断成熟与推进，马同学又申请了“全国大学生创新实践训练计划”，开始更为系统地了解如何路演、制作墙报、成本核算等更专业的知识。

2018 年，马同学与同学们共同组队参与“挑战杯”课外科技作品竞赛。在竞赛过程中，虽然作品的创意非常巧妙，但也存在作品指标差、文本不规范、实验数据不齐整、市场应用能力不强等问题，最后低分通过初步审核。在此情况下，马同学主动找到学校里有着丰富科创竞赛经验的老师，持续深入琢磨，不断提高作品实力，吸收各类意见和建议。

马同学主动向指导老师汇报项目进展情况，积极联动指导教师的资源；寻求实验室高年级同学帮助，指导相关论文的撰写；挖掘跨学科团队成员，优化作品呈现……历经 1 年备赛、40 余次文本修改、5 次校内审核，他的作品最终得以作为 11 件作品之一，代表我校参加上海市决赛。马同学本人也在备赛的过程中，获得已授权专利一项、发明专利两项，并获得江苏扬子江大桥股份有限公司采购合同。作品也从最初的一个想法，完善为一套桥梁裂缝监测、测量、预判的复合系统。

【关键词】以赛促学

【案例解读】

科创项目经历对于本科生的成长成才具有非常重要的教育意义，但科创项目的推进需要较为成熟的资源链接能力与项目的扎根能力。马同学的想法得以成功实现，就在于他懂

得完全参与并利用学校现行的科创支持体系，并层层深入推进项目的落地，在一次次竞赛中不断提高或扩大自己的竞技水平、科研能力、思维视野。而这一完整的过程，离不开包括辅导员在内的指导老师的精准指引与因材施教。

1. 工作难点

（1）在高校场域内涉及科创、创新、创业资源的块面与部门非常多，如何针对学生实际情况，量身打造适合学生和学生作品成长路线的培养方案，需要辅导员先了解项目的发展情况，进行基础判断，并持续关注和跟进项目成长，适时引入合适的竞赛项目与资源，从而为学生的科创能力发展保驾护航。

（2）一项优秀作品的诞生与落地，不仅需要学生和团队自身的努力，还需要校级层面的联动部署、学院资源的全方位导入、指导教师的全过程专业引领，甚至还需要校友与社会力量的共同联动。这就要求辅导员跳出现有的工作框架，去了解专业的前沿动态，主动与专业老师沟通，切实为学生发展与教育需要铺路架桥，做到“专创融合”。

2. 具体措施

（1）建立健全科创育人体系。同济大学把创新创业教育贯穿人才培养全过程，以人才培养为根本，将深化创新创业教育改革，建设创新创业教育高地作为学校的重大战略。通过政府、社会、企业、校内外师生全员参与，聚焦创新创业与工程教育的融合，培养具有创新创业精神、态度、知识和实践能力的创新人才。健全“校创—上创—国创—同济创业谷—同济科技园—同济分基金”创新创业支持体系，从“创意—创新—创业—创造”全方位促进创新实践育人。

（2）注重学生第一、第二课堂的联动。科创实践是创业者由第一课堂迈向第二、第三课堂的过渡，涉及社会和资本的投入、建立在产学研相融基础上的知识转化与运用等。辅导员在全面了解政策扶持、行业发展、专业研究的基础上，需加强与学生的过程性互动与持续性教学相长，不断鼓励和支持学生的科创成果优化、转化、落地和社会运用。

3. 对策、建议及反思

以赛促学，专创融合。赢取竞赛并非科创的唯一目标，以赛促学才是大学生科创的价值旨归。对于本科生而言，科创竞赛是一个将本科生引入实验环境与科创训练的重要载体。通过竞赛的打磨，学生的文本精化、口语表达、学术研究、资源链接、社会互动等综合能力得以全方位提升。基于此，作为大学生成长过程引路人的辅导员，应主动跟进竞赛，跟踪项目，了解学生需求，促进第一、第二课堂联动，协助师生互动，为学生成长为未来的科创拔尖人才贡献力量。

（王娇楠　校团委）

引导兴趣，精准帮扶
——如何通过大学生创新实践促进学生成长

【案例介绍】

汽车学院的K同学来自山城重庆，高中阶段一直是年级佼佼者，以优异成绩进入同济大学汽车学院学习。K同学进入大学后发现自己在各方面都不及其他来自教育发达城市的同学，因而产生了消极悲观的情绪。虽然学业完成度较好，尚未出现挂科情况，但K同学严重心理自卑，多次表示心理压力过大，并感到孤独，觉得自己无法达成预期目标，目前也没有明确的发展目标，对未来非常迷茫。

他认为自己即便再努力，也无法赶上已经赢在起跑线上的其他同学，对自我原有的认知陷入深深的怀疑之中。而特殊的家庭情况也加剧了K同学的自卑心理。学习方面，虽然异常刻苦，但距离获得奖学金还有一定差距，远远未达到理想状态，而这进一步打击了K同学的自信心，导致他一度迷失自我。经过一番激烈的思想斗争，内向腼腆的K同学终于鼓起勇气与辅导员沟通近况，希望辅导员能为自己指引奋斗方向。

【关键词】自卑消极，创新实践

【案例解读】

K同学的案例并非个例，往往是新生入校后在经历一段以自我学习为主导的求学经历后可能产生的普遍情况。能就读同济大学的学生无疑都是高考成绩出类拔萃的，但由于基础教育区域之间的不平等，来自不同地区学生的学习能力存在较大差异。K同学是典型的创新能力较弱、无法实现自我价值的学生。教师在个案介入中应着重引导学生找准自我定位，寻找奋斗方向，树立学业自信，提高自身综合实力。

1. 工作难点

（1）K同学性格内向，不善人际沟通，获取支持的能量匮乏。高中阶段的K同学可谓众星捧月，老师们全过程积极关心K同学的成绩，并给予及时的鼓励与疏导。大学阶段的K同学并非名列前茅，也不是辅导员重点关注的学生。缺乏了教师的全过程关注，默默无闻的K同学没能锻炼强大的内心来面对困难，并且陷入情绪低迷的恶性循环之中。

（2）高中阶段的学习使K同学得到了较为良好的知识基础，但应试教育过于强调死记硬背与应付考试。这样的教育模式在一定程度上局限了学生的自主性与自我意识。K 同学对学习失去了兴趣，认为就算得到了好成绩，也并不知道自己的未来在哪里，自己真正的兴趣爱好是什么。

（3）由于信息获取的渠道与方式不断便捷化，辅导员在学生心目中的话语权与公信力在很大程度上日渐式微。在初始阶段，与 K 同学的谈话令辅导员很为难，因为学生早已先入为主地认为辅导员是“假大空”与“唱高调”的。因此，辅导员通过谈心谈话引导 K 同学树立远大理想并非易事。辅导员如何为 K 同学提供现实性强、可行性高、易操作的建议，是本案例的又一难点。

2. 具体措施

（1）克服思维惰性，拥抱大学之变。思维惰性是标准化思维的后果，它使得学生不愿意也不善于对学习内容做深入的思考。在现阶段的高考招生制度之下，学生的求异思维与创新意识在一定程度上受到影响。辅导员首先在适切大学阶段要求的学习方法上给予 K 同学必要的指导，指出高中学习模式和大学学习模式的区别之处，鼓励 K 同学在正式学习之外培养广泛兴趣，引导 K 同学积极参与学生活动、学生车队，帮助 K 同学在创新实践中发现自己新的兴趣点。

（2）加强成功体验，重树自信之心。自信心是建立在对自我认识、正确评价的基础上的一种自我肯定、自我信任，相信自己有能力实现既定目标的心理状态。K 同学目前自我认知困难，无法正确评价自我价值，集中表征为自卑、胆怯、退缩、回避等消极态度与行为。针对 K 同学当前的状态，辅导员采取一系列干预措施（引导 K 同学加入学院创新培养基地，并进入车队工作）帮助他正确认识自身价值，鼓励他勇于消除胆怯与自卑心理，更好地掌握信心树立的方法。K 同学加入同济大学车队后，将专业知识与实践环节相结合，体会到了自我价值的彰显，逐步重拾信心，并慢慢找到了自己的兴趣点。

（3）夯实专业基础，拓展通识能力。创新项目的申报过程不但考验学生的基本知识素养，还需要学生有丰富的动手能力、组织能力、人际交往能力。不过，通过谈话我们了解到，K 同学平时担心麻烦其他同学，遇到困难一般都自己解决，但受限于自身知识和能力水平，问题难以得到有效解决。基于此，辅导员鼓励 K 同学和其他同学组成创新小组，利用车队的平台积极申报大学生创新项目，在平时的讨论和实践中增进和同学的交流与沟通，培养社交能力。为了进一步锻炼 K 同学的综合能力，辅导员鼓励他担任本科生助管工作。在学工办担任助管期间，K 同学的人际交往能力大大提高，而兼职收入也在一定程度上缓解了他的经济压力。

3. 对策、建议及反思

（1）大学与基础教育阶段的学习有一定的一致性与贯通性，但更多的是变化乃至变革，新生入学后往往难以在较短时间内适应大学生活与学习。大学阶段是学生从象牙塔迈向社会的第 0.5 步，同时也是各方面成长成熟的关键时期。辅导员作为学生平时接触最多的教师群体，需高度重视他们第一次发出的求助信号，认真对待学生的阶段性发展障碍与困难，因地制宜，精准施策，为每一位学生的发展保驾护航。

（2）充分利用学院平台，扎实拓展学科优势的创新人才培养功效。相较于其他学院，汽车学院有着得天独厚的创新创业平台，五大车队和各项科研实践项目均为学生提供了丰富的角色体验机会，尤其是五大车队，得益于车队文化的届届传承，基于朋辈榜样、风范彰显的朋辈教育，为新生提供了学业、生活、科研等全方位指导，利于新生更快、更好地适应大学生活，明晰生涯规划。这为进一步提高学科育人成效，整合学科育人平台，总结凝练各载体育人模式，提供了独树一帜的学科育人范式。

（王京晶　汽车学院）

兴趣为引，因材施教

——如何通过本科生导师制度培育学生科创精神

【案例介绍】

小汪，来自河南西南部的小城，大二转专业至医学院学习临床医学专业。他性格开朗，学习刻苦，乐于助人，还担任班干部，性格要强。小汪父母均外出务工，家里人能给他的建议不多，很多事情都靠自己摸索。小汪对于科创方面的认知仅仅停留在“怎么发高分论文”的层面，只想要尽快有所建树，赶超其他同学，拿到奖学金。

学院为了培养学生的科创能力，从新生入学伊始便实行了基于学生与导师双向选择的本科生导师制。小汪没能充分了解适合自己的研究方向，便选择了获得过国家奖学金的学长的导师，确定了孙老师为自己的导师。在孙老师的指导和帮助下，小汪开启了第一个科研项目，尝试鉴定一套基因的验证性实验。进组学习后，由于老师和学兄学姐汇报的 PPT 大多是全英文的，小汪的英语水平不高，无法领会其核心思想，再加上需要兼顾课业学业和社会活动，很难有机会跟同实验室的学兄学姐一起学习。几个月下来，小汪的信心受挫，再加上实验一直得不到有效数据，小汪对于科创的热情减退大半。

小汪把自己的困惑和苦恼告诉了辅导员，在辅导员的协调下，小汪重新选择了与自己更为熟悉的秦老师作为导师。了解小汪的情况后，秦老师帮助他重新调整了研究方向，还提供了很多学习和生活方面的建议，鼓励他重拾信心。重建科研信心的小汪提前进入秦老师实验室，扎实学习实验操作技术，还利用假期等时间加强英语学习，研读了一系列与项目有关的前沿论文。最后，小汪成功申请到了 2019 年国家级创新创业项目。

【关键词】本科生导师制，师生匹配，师生互动

【案例解读】

案例中的小汪作为一个转专业学生，在学习和人际交往等方面都如鱼得水，对自己的期待值很高。不过，科创活动不同于其他学习活动，既要求学生付出努力，也需要找对兴趣方向，发挥创造力。过于结果导向的小汪在急功近利的心态驱使下忽视了自己的兴趣，导致第一次科研经历的失败。面对突如其来的失败，小汪一时难以接受，缺乏战胜挫折的勇气。辅导员协调学生重新选择导师，并引导小汪寻找自己的科研强项与科创兴趣，最终与导师协作，一同帮助该生重建自信，收获满意的科研成果。

1. 工作难点

（1）创新意识不强。由于长期受应试教育影响，小汪过于在意成果产出，进而忽视了自身内涵性创新能力的提升。在学习过程中，他习惯于被动地接受答案，而非主动地去寻找解决方案；在科创探究中缺乏想象力和创造力。

（2）科创技能不足。小汪已掌握的科创知识与能力相对匮乏，具体表现为阅读外文文献吃力，面对学术交流与知识构建表达，常常力不从心。

（3）研究方向不明。小汪本身是一个刻苦努力的学生，不过在科创活动的参与中“蛮力有余”而“智取不足”，集中表现在缺乏兴趣爱好的自我认知与研究志趣的自我探索，研究方向选择过于草率。

2. 具体措施

（1）自我效能是一种对自身信念的肯定，会对个体的努力程度、面对问题时的选择、抗压能力等造成直接的影响。科创活动是一项需要学生高度自主参与的活动，不仅需要强大的脑力支持，还需要有扎实的创新能力、精准的研究决策悟性，离不开自我高效能感的长期支持。辅导员持续关注学生的心理状态，加强情绪唤醒，鼓励该生实践创新创业训练项目、五月科技节、本科生创新论坛等活动，引导该生在活动和比赛中不断磨炼意志，取长补短，挖掘潜能，发挥主观能动性，培养自我高效能感。

（2）创新创业教育师资队伍需兼备技术理论与实践经验。此案例中辅导员主动与导师协同合作，共同引导小汪的科研创造活动，一同支持小汪收获满意的科创成就。辅导员侧重思想引领，围绕“卓越医师教育培养计划”，组织该生参加第二课堂，指导他参加各类学科竞赛和创新活动，以贴近学生的角度营造浓厚的科技创新氛围，从而培养该生的创新意识。导师则聚焦专业方面，指导学生进入临床或基础实验室中进行课题研究，定期与学生互动，传授思维方式，帮助学生构建知识结构，评估学生科技成果，确保该生科研推进的质量与水平。

（3）精准施教是科创教育中不可忽略的重要教育理念。学生个体之间感兴趣的科研方向、需要的指导方式呈现较大差异，这就要求学校构建一套兼具灵活性与科学性的科创育人机制。本科生导师制下的师生关系源于学生和导师的双向选择，一学年结束后根据师生双方互动情况与关系持续意愿，可进一步调整师生组合。对于有需要更换导师的小汪，辅导员及时与其沟通，并基于对学生的全方面了解，为学生和专业教师之间构建交流际遇，帮助该生匹配最适合自身研究志趣的导师。

3. 对策、建议及反思

创新创业的精神是科创能力耦合培养体系的精神内核。如何将这种艰苦奋斗、奋发图强的双创精神灌输给学生是值得高校教师不断思考与探索的问题。习近平总书记多次强调：

“青年是社会上最富活力、最具创造性的群体，理所当然应该走在创新创造的前列。”辅导员作为离大学生最近的思想引导者，是学生最亲近的良师益友。辅导员队伍以党的创新理论指导创新创业实践育人工作，致力于提升学生对创新创业的认同感，激发学生的创新创业意愿，鼓舞学生科创报国的效能感与士气，引导学生早日承担起筑基铸魂的重任。

（宋心语　医学院）

纠正偏差，全面实施

——如何指导大学生开展职业生涯规划

【案例介绍】

在上完了一次生涯规划课后，学生就业指导中心的咨询邮箱收到了学生的一封来信。信中，这位学生写道：“我们学校一向以培养高素质的人才为目标，这是对人的全面培养。可是，现在就业指导中心的课堂上却要求我们思考自己未来的工作问题，似乎我们来上大学就是为了将来获得一份工作，这和一般的职业学校培养学生的目标有什么差异呢？难道我们学校也要沦为职业学校吗？”

这位同学还表示，作为热爱专业的文科生，他喜欢读书，“觉得在书中和伟人进行思想的交流很幸福”。所以他未来的人生就是继续读书，因而对他来说，“职业规划完全没有必要，谈论职业规划只会伤害我的自尊”。

与此同时，一位毕业研究生在来信中写道：“两周前我收到了两家企业的入职意向书，但比较来比较去，还是不知道该如何选择。已经到了必须做决定的时刻，我特意去听了一次生涯规划的讲座。原本以为这样的课程教育一定会给我一个明确的答案，但是没想到原来生涯规划根本不是我想象中的样子，根本不能帮到我。”这位同学还表示，学校的生涯规划教育“停留在讲理论、摆模型的层面”，显然是没有价值和意义的。

【关键词】职业生涯规划

【案例解读】

两封来信反映了学生对学校生涯规划教育的两种不同看法，得出了相同的结论：生涯规划教育无用。学生在来信中讲述了自身真实的经历，并基于自身的体会提出对生涯规划教育的质疑，在逻辑层面似乎十分正确，但都犯了同样的错误：错误地理解了生涯规划教育的目的和内容。

1. 工作难点

（1）加强生涯规划的目标教育。生涯规划的目的绝对不仅仅是指导毕业生找到一份工作。简单来讲，职业生涯规划是以一个人的职业发展为核心的整体生活的规划，强调的是一个人对整个生活的满意度，而不是仅仅为了糊口而工作。

总的来说，生涯规划教育的目的是帮助学生发现自身的优势和特长，定位人生幸福的短期或长期目标，制订实现目标的行动计划，并实施反馈。第一位学生认为学校实施生涯规划教育违背了学校全面培养人才的目标，是根本性的误读。其实生涯规划教育恰恰是对学校全面培养人才目标的具体实施途径之一。同时，在生涯规划的范畴内，职业学校的学生并不比其他任何学校的学生逊色，他们只是更早定位了自己的职业。至于他们未来的生活，同样可以规划出属于他们的精彩，在生涯规划行为面前，他们同样可以是“高素质”的、“全面”的人。而第二位学生将生涯规划教育简化为传授“决定”方法，甚至由老师或专家代替学生“做决定”，这同样是对生涯规划教育目的的误读。生涯规划是一个动态的行为过程，“做决定”是过程中的一个环节。而生涯规划教育同样是一个过程，企图跳过前期的步骤，直接得到一个“目标”，是对生涯规划教育过于理想化的、不科学的期待。

（2）强化生涯规划教育的主要内容。完整的生涯规划教育至少包含以下部分：对个人职业的自我探索；对职业世界的探索；进行决策，设定合理的个人目标；提升行动的能力。以上内容是生涯规划教育不可或缺的部分，也是生涯规划教育的完整流程，但这并不意味着学生一定需要接受所有部分的教育。当一个学生对自我足够了解，完全清楚自己的职业兴趣、能力和价值取向时，就不必在自我探索方面花费较多的精力。

第二位学生在职业决策的阶段出现了犹豫，但这并不能简单地认为他只需要接受职业决策的教育。学生可以有选择性地接受生涯规划教育，但当学生在生涯规划过程中出现困难时，我们必须对他的整个生涯规划的环节进行检测。这就是生涯规划教育的复杂性所在。

2. 具体措施

（1）紧抓重要的生涯规划时间节点。我们充分利用大一了解学校各科专业情况、大二选择专业方向、大三确定毕业去向、大四定位实习岗位等重要时间节点，通过召开学院专业说明会等方式开展生涯规划教育活动，引导学生有效收集职业信息。

（2）充分利用课堂教学。专兼职教师讲授职业生涯规划的理论知识，通过“讲理论、摆模型”来启发学生生涯规划的意识，帮助学生理解生涯规划的过程。

（3）融会贯通专家讲座形式。邀请行业专家、人力资源管理专家、杰出校友专家就行业发展状况、企业用人需求、职业发展路径发表演讲，以此来提高学生对外部世界的认知。

（4）发挥朋辈教育功能。挖掘优秀毕业生、去向不同的学兄学姐来分享成长路径和生涯规划经验，通过榜样示范作用，帮助学生探索适合自己的发展方向。

（5）一对一开展个别辅导。专业职业咨询师一对一引导学生进行生涯规划，帮助遇到规划困难的学生有针对性地解决实际问题。

3. 对策、建议及反思

高校学生生涯规划教育应着重引导学生完整理解生涯规划的全系统、各要素，引导学生通过生涯规划设定个人目标，通过生涯规划实现自我发展，通过生涯规划描绘学生未来蓝图，这也是学校全方位育人的范式。

（朱华珍　学生处）

提前甄别，聚焦优势

——如何针对重点学生开展就业帮扶

【案例介绍】

一年前，在一次学院层面的就业帮扶工作宣传活动中，还在读研一的小薛同学鼓起勇气找到学院的辅导员老师，表示想要报名参加学校就业帮扶活动，并提出了想要帮她的舍友小王一起报名的想法。辅导员在分别了解了小薛和小王的基本情况后，帮她们在学校就业指导中心就业帮扶学生数据库中进行了信息登记。

小薛和小王都是外校考研到我校攻读教育学硕士学位的研究生。她们本科阶段的学习成绩都处于中上水平，研究生期间，她们住在同一个寝室，继续发扬刻苦努力的学习精神，学习成绩都还算令人满意。

小薛的父母均就职于事业单位，对小薛的职业发展有着比较高的期待，从小培养她树立出国深造的目标。然而由于家庭经济条件有限，能否获得留学奖学金的资助成了小薛就业方向选择阶段最大的一个门槛。研二的第二个学期，同学们开始讨论起了“毕业去向是继续深造还是找工作”的话题，而小薛想要全力以赴准备出国申请和各种留学奖学金的申请，根本无暇考虑万一留学计划失败了怎么找工作的问题。小王来自西部地区的农村家庭，家中姐弟二人均处于大学求学阶段。她在入学时就申报了经济困难认定。进入研二下学期，小王决心毕业后直接就业，但求职过程频频受阻，令她连喊“压力山大”。

【关键词】家庭影响，就业困难

【案例解读】

就业困难是高校重点学生群体中比较典型和普遍的议题。小薛和小王都在求职准备阶段，也就是即将进入应届毕业班之前遇到了就业困难。在本案例中，小王属于比较典型的因家庭经济困难导致就业困难的就业帮扶对象。小薛因全力以赴准备出国深造，个人求职准备严重不足，在出国机会和求职成功率都比较低的情况下，随之产生并累积了较大的心理压力，这一类型的大学生也成为考研、升学热潮中典型的潜在就业帮扶对象。

就业困难的概念界定比较宽泛，一般来说，高校就业工作者定义的就业困难学生群体是指由于各种原因导致毕业去向无法落实的应届毕业生。其中的原因主要表现在个人能力、家庭经济、资源获取，以及心理健康、社会歧视等问题上，最终的结果都会导致毕业生毕业去向的落实过程受阻。

1. 工作难点

（1）提前识别帮扶对象。毕业去向的落实涉及学生自身条件和校内外等多方资源的协调。正因如此，假设直到学生临近毕业阶段才实施就业指导服务与就业困难生群体帮扶干预，学校工作开展就会陷入被动局面。因此，学校、学院就业工作相关辅导员通过大学生生涯教育与就业指导工作培训，提高就业甄别意识和就业困难识别能力就显得尤为必要。如何在大学生学业的早期阶段（例如学生入学的第一年）开展重点学生群体的甄别工作，在大学生学业的中期阶段（例如学生进入毕业班之前）开展就业工作动员、识别就业困难学生，是就业困难群体帮扶工作的一大难点。

（2）掌握优势视角的工作理念。优势视角理论有利于从有限的资源中积极寻找个体的优势，引导被帮扶对象重新树立求职信心。如何全过程掌握优势视角的工作理念，以学生实际情况为起点，开展分类指导和个性化就业帮扶工作是另一难点所在。

2. 具体措施

（1）优势视角理论：提供一种新的理解他人、与他人合作的视角，是一种关注人的内在力量和优势资源的视角。该理论认为：每个人都有闪光点；人们已具备他们所需要的所有资源；每个行为背后都有积极的意义；人们有能力做出改变。该理论立足于发现、寻求、探索和利用服务对象的优势和资源，协助他们达到自己的目标，实现自己的梦想，并支持他们面对生命中的挫折、不幸和困难，产生自内而外的抗逆力。

（2）优势挖掘与整合：在此类工作开展中可参考优势视角理论所遵循的信念，开展工作的主体应致力于促进帮扶对象开发潜能、挖掘优势，协助帮扶对象认识自身优势，并有效整合就业资源。在就业帮扶工作中，应主动梳理以下信息：了解重点学生的求职目标以及求职经历中的客观事实；了解重点学生的求职渠道和相关资源；评估重点学生的生涯规划程度和求职准备程度。

（3）针对性帮扶，引导学生摆脱就业困境：学校就业帮扶工作面向在校生，辅导员应该提早识别帮扶对象，并开展校、院两级的就业帮扶工作，具体举措包括政策解读、生涯教育沙龙、职业工作坊、一对一职业咨询、企业参观、经济援助等。如果小薛、小王两位同学能够在学校生涯教育过程中获得更为精准的个性化就业帮扶方案，再结合自身努力和朋辈互助，她们也许会一步一步完成“认识自我→挖掘潜能→明确目标→采取行动→建立信心→采取进一步行动”的成长与转变过程，切实提高自身的综合就业竞争力，成功步入职场。

最终，小薛没能申请到出国留学的奖学金，但在老师的鼓励和帮助下，她提高了职业规划意识，明确了求职目标，最终找到了相对满意的工作，与用人单位签订了就业协议书。

小王则重新建立了求职自信，通过专业指导，她积极探索自身能力和市场需求的匹配情况，决定回到家乡就业，与父母共同承担起家庭的责任，并帮助弟弟进行职业发展规划。

3. 对策、建议及反思

强化就业帮扶工作机制建设，扎实推进生涯育人工作。根据教育部以及各地方部门的就业帮扶政策，高校应结合学校人才培养特点，在学生生涯发展教育与就业指导工作体系的基础上，进一步强化校、院两级的就业帮扶工作机制建设。

（徐翠婷　学生处）

认知小我，书写大我

——如何引导毕业生赴基层、重点领域就业创业

【案例介绍】

小杨是一名来自四川贫困山区的女孩，父母常年在外务工。自幼跟随祖父祖母长大的小杨，接受的教育几乎都来自学校。高考后，她非常幸运地通过国家专项计划考入我校，来到繁华的上海求学。小杨暗暗下定决心，大学毕业后，要用自己的知识和能力回报国家和人民。然而，大学期间小杨的课程成绩并不拔尖，也未获得奖项，平平淡淡地度过了四年光景。面对严峻的就业形势，小杨四处奔波，然而内敛的她往往难以在面试中脱颖而出，屡屡受挫。临近春季招聘的尾声，小杨仍然未收获理想工作抛来的橄榄枝。

偶然的机会，小杨关注到学校鼓励毕业生赴西藏基层就业的通知，并参加了学院开展的西部基层就业政策宣讲会。其实早在大三上学期，小杨便从一位学姐的西藏基层工作分享中领略到日喀则的点点滴滴，感受到同济人的责任和担当，赞叹援藏者的家国情怀。小杨回想起自己的成长经历，爱国之情油然而生，青春热血沸腾不止。小杨向家人、老师说明了自己的想法和选择，父亲持反对态度：“西藏地区不安全，海拔那么高，你能够习惯吗？！”而辅导员则给予了小杨充分的赞许。为了帮助小杨进一步了解当地的工作环境和发展前景，辅导员将一位在西藏工作的学姐介绍给小杨认识。与学姐的交流进一步坚定了小杨的决心。经过慎重的考虑，凭借着满腔热血，小杨成功说服了父亲。最后，她郑重地向学院递交了报名申请。此刻的她，在祖国的西部基层，书写着自己担当的青春之歌！

【关键词】西部基层就业，“思政 + 生涯”

【案例解读】

本案例中的小杨由于孩童时代的成长与教育受惠于国家与社会的关怀，长大后心怀着朴素的就业报国与反哺社会之愿望。但受限于社会经济背景之弱势，以及大学阶段并不突出的学业表现，辅之以家人的不支持以及自我认知的局限性，小杨难以形成坚定的西部基层就业的观念。面对西部基层就业“心有余而力不足”的学生，如何引导其“排除万难”形成坚定的就业观，是一个需要我们全盘考虑、情感关怀、综合干预的议题。

1. 工作难点

（1）伴随着我国高校招生规模的不断扩大，全国高校毕业生的人数不断增长，大学生的就业形势愈发严峻。然而广大的基层，尤其是经济欠发达的西部地区、交通不便的偏远山区，却急需人才。但是由于地理位置差，条件艰苦，信息闭塞，西部基层地区对就业预期较高的大学生及其家长缺乏吸引力。当前，如何引导和鼓励大学生研判就业形势，到西部基层就业，树立坚定的就业观，是一个复杂的问题，既需要引导学生加强对国家政策的全面解读，激发学生的就业热情，坚定学生的就业信念，也需要结合学生家庭背景与个人志趣等诸多内外特质，精准定位就业引导的对象。

（2）案例中小杨来自贫困地区，孩童时期长期“留守”，受惠于优质高等教育入学机会补偿政策得以就读“双一流”高校，并来到繁华都市生活，因内心的不自信而未能展现优秀卓越的自我，综合导致了该生就业季摇摆不定的就业目标以及屡屡受挫的面试经历。究其本质，是该生的自我效能感没有得到充分调动。如何引导不自信的学生树立自信、感知自我价值、坚定就业目标、提高就业能力、实现就业理想，需要经历漫长的过程。如何在短短的就业季找到问题的突破口，是一个值得深思的问题。

2. 具体措施

（1）著名的美国心理学家约翰·霍兰德曾提出“人格—职业匹配理论”，职业指导之父弗兰克·帕森斯同样认为，“人与职业的匹配是职业选择的焦点”。他指出明智的职业选择应考虑三个因素：一是自我认知，即清楚地了解自己；二是认知职业，即了解各种职业所需的知识；三是基于以上两个因素综合考虑，实现人职匹配。在引导小杨赴西部基层就业的过程中，我们从学生的自我需求入手，重在引导该生深入了解西部基层就业所需人才的能力维度画像，最终达到人职匹配。

（2）思想引领：我们通过组织学生听校史、逛校史馆、参加主题讲座等形式，积极引导学生发扬同济人的济世情怀，鼓励学生把个人事业与国家发展战略相结合，将“个人梦”与中国梦融为一体，鼓励学生赴西部地区、基层岗位、重点领域就业、创业，实现青春价值。

（3）朋辈教育：我们充分挖掘杰出校友资源和朋辈典型，定期组织在西藏、新疆及西部地区长期工作的优秀典型和在基层默默奉献的先进代表回学院，担任学生校外导师。案例中小杨正是通过与卓越校友的近距离接触，感受校友的职业故事，进一步坚定了自己赴西部基层就业的决心，最终争取到了家人的理解与支持。

（4）精准引导：我们聚焦小杨的个体特征与成长经历，阶段性地引导学生适时调整生涯目标，给予小杨认可与支持，帮助她增强自我效能感，提高职业生涯指数，树立职业信心，坚定职业选择。

（5）职业认知：通过举行西部基层就业典型人物的经验介绍会、面向应届毕业生开设西部基层就业政策解读会等，促进西部基层就业政策的着眼点由“毕业生求职时”前置到“就业观形成时”，激发学生报效祖国的情怀，促进学生对西部基层的了解，提高学生对赴西部基层就业的职业认知。

3. 对策、建议及反思

新时代的奋进长征之路需要高校毕业生源源不断的助力与支持，而西部地区、基层岗位、重点领域是毕业生长知识、练本领的重要平台，也是毕业生实现人生价值的重要舞台。高校思想政治工作者应通过“思政 + 生涯”的方式，持续引导莘莘学子树立将个人的远大抱负与国家前途命运相结合的就业价值观；通过朋辈影响、优秀校友案例等形式，引导学生开扩就业视野、打开就业格局；通过参与基层社会实践等途径，引导学生构建清晰的就业目标；通过持续的人文关怀与紧密的师生互动，帮助学生实现自我认同和自我认知相统一。建同心之德，树济世之才，引导一代代同济学子在中国梦的灿烂放飞中实现个人理想，担当时代重任。

（周龙　材料科学与工程学院）

厘清资源，遵从心声

——如何进行国际组织实习任职引导

【案例介绍】

小周从小品学兼优，家境良好，为人谦逊，属于大家眼里的“别人家的孩子”。家人与朋友对小周寄予厚望，希望小周在大学期间能够一如既往地保持优秀，凭借就读环境工程专业的优势，毕业后进入市政工程领军行业工作。

本科与研究生期间，小周不断尝试突破自我，兴致勃勃地与舍友们一起积极参与了各种校内实践活动。而暑期国外访学与参加校内联合国专题讲座的经历，对小周的职业愿景规划产生了非常大的影响。暑期国外访学期间，小周第一次发现自己在团队中可以发挥英语优势，非常自如地学习与生活，并且可以顺畅地与海外学者进行学术交流。语言的优势与较强的跨文化交流能力使得小周信心倍增。而学校举办的联合国专题讲座中主讲人的主题宣讲，引起了小周的极大兴趣与深入思考。跨国的交流经历与国际组织的初步认知，使得小周开始反思自己的未来发展与过往经历——过去一直生活在父母与他人的期望之中，无暇自主思考自己究竟想要什么。世界这么大，小周开始思考：自己是否能主宰未来？自己究竟追求什么样的人生？

小周开始有意识地关注校内各平台发布的国际组织招聘信息，跃跃欲试，却也对参与国际组织实习可能带来的影响有诸多疑惑（国际组织实习时长多为 3 ～ 6 个月，可能会影响学业进度与国内择业就业进度），也未做好面对申请可能失败的心理准备，更担心自己的选择会面临导师与家人的不理解或不同意。就这样，小周陷入了惆怅与纠结之中。

【关键词】国际组织，摇摆不定的就业选择

【案例解读】

案例中的小周有着初步的国际组织实习意向，但受限于对国际组织工作职责认知的匮乏、相关资源整合能力的薄弱、家庭朋友等关键性人物支持与否的不确定，导致小周本人职业目标摇摆不定，进而削弱了自身的行动力与职业意愿信念感。

1. 工作难点

（1）小周过往顺风顺水的求学生涯，实则是家庭“妥善安排”的水到渠成。在这一过

程中，小周的自主意识尚未被激活。进入大学后，随着个人经历的增长与自我探索的尝试，她发现了自身想法与家人意见的矛盾，因而感到纠结与难以抉择。学校介入小周职业规划的过程中，需引导她理性解决个人成长需要与家人期盼之间的矛盾，赋能其职业规划自我意识感与信念感。

（2）小周通过实践活动逐渐对跨文化交流及国际组织任职产生了兴趣，但尚停留在兴趣的初级阶段，未进行资源整合，也没有对自我优势进行深入分析。小周的兴趣与个人发展，乃至未来的职业生涯规划如何匹配？这需要教师基于对该生的深入了解，开展精准生涯规划引导，以帮助该生进一步清晰、明确职业定位与生涯志趣。

2. 具体措施

（1）自我兴趣探索。职业规划老师运用兴趣岛及霍兰德人格测评工具，帮助学生认知当前阶段自己的兴趣取向及未来可能匹配的职业选择。经过测试，小周获得了自己的霍兰德人格测评（SIA），这与小周的自我认知（C 型事务型）存在偏差。着眼于偏差，职业规划老师进行了测评结果的解读。借助测评工具的数据表征与规划老师的经验解读，小周逐渐意识到自己热衷于在人际互动中进行价值创造的倾向性，理解了进入大学以来随着互动圈与实践圈不断拓宽自己陷入纠结之中的原因所在。小周更加明确了自己的兴趣点，也知晓了自己的兴趣取向与家人期待之间的匹配性。基于此，小周明确了要把自身作为未来决策的主体，要坚定自己心之所向。

（2）职业外部探索与内部资源整合。我们先聚焦小周感兴趣的板块——国际组织实习。通过观察与谈话知晓她对参与国际组织实习的已有资源与基础认知现状，基于此进行背景的补充与信息资源的整合。从国际组织实习的背景、申报渠道、政策扶持等维度全方面详细引导该生掌握自行梳理与记录的方式方法；引导她通过关注学校就业中心等网站或微信公众号平台的有关专栏，详细检索相关匹配的岗位信息；引导她参加校内不定期开展的一系列国际组织相关专家讲座、在线分享、沙龙等，便于该生进一步了解国际组织实习的感受性资料与信息；引导她积极关注学院层面组织的与国际组织间的合作交流动态，通过参与实习实践等活动，帮助她得到一手体验性经历。另外，针对性地将国家留学基金委及上海市相关的扶持政策分享给该生。引导小周自主学习以上资源内容，结合自己的兴趣做详细分析，并根据自己的情况选择岗位进行申报。

（3）赋能学生行动力。参加国际组织实习对未来职业选择的顾虑一直困扰着小周。基于此，我们引导该生理性思考，避免过多臆想，明确自己的决策主体身份。借鉴认知信息加工理论（CIP）中 CASVE 循环理论，即“沟通—分析—综合—评估—执行”，鼓励她在了解自己的兴趣导向与外部职业发展规划后，主动与家人沟通，勇敢表达自己的意愿与兴趣，同时也向父母详细介绍自己的想法和初衷，结合自己的外部资源与优势做扩展和压缩选项清单，在与家人达成一致意见后，最后选定一个心仪的目标，并采取申请行动。

3. 对策、建议及反思

（1）在支持学生赴国际组织实习职业咨询的过程中，一定要牢牢把握以学生为行动主体这一根本前提，我们做的是引导，而不是帮助决策。

（2）在案例咨询前，需要掌握有关国际组织实习方面全方位的认知，便于系统引导学生进行信息管理与资源整合。

（朱景凡　学生处）

明确目标，重视实践

——如何提升大学生创新创业实践能力

【案例介绍】

邹同学是环境科学与工程学院的一名二年级研究生，性格较为内向，不善于人际交流。他非常喜欢自己的专业，一头扎在实验室里专攻自己的研究，是一个典型的工科男。由于成绩比较优异，导师和同门都希望他将来能够继续读博。不过受到家庭的影响，该生一直想创业，也希望能够发挥自己的专业特长为社会做贡献。经过较长时间的反复思考和实践摸索，经历了数次的失败和挫折，邹同学仍然没有找准自己的能力所长与创业方向。他迷茫了，犹豫了，徘徊了。他不确定自己的性格是否适合创业，掌握的专业技术水平能否达到市场需求，自身能力缺陷何在。

一系列的自我不确定感使得邹同学既无法专心泡在实验室里做研究，也不再满腔热血地想要继续创业，他总觉得自己做什么都是无用的。他想，实在不行就等着毕业找一份工作算了。一次偶然的机会，他在手机上浏览网页，翻阅信息时看到了同济大学创业指导站举办创业政策指导和服务的通知，那里有最新的政策支持，有最贴心的创业服务。邹同学犹豫是否需要去寻求指导和帮助，去重拾创业初心。

【关键词】创业初心，创业帮扶

【案例解读】

本案例是工科学生由技术转向创业实践的典型案例。有着强烈的创业意愿和决心、具备扎实的创业技术知识储备的邹同学，由于缺乏创业基本知识和市场的洞察力，以及对用户需求掌握不够，他陷入了创业困境之中。教师在干预该生的过程中，应着重引导该生加强对市场需求和用户需求的研究与关注，而非简单的技术变现。

1. 工作难点

（1）邹同学是一个典型的工科男，务实踏实，不善言辞，一心扑在学术上，对自己的专业和技术精益求精，但缺乏对市场的了解和对用户需求的关注。

（2）缺乏创业综合知识构架和通识能力储备。该生管理学、经济学、财务管理等经管知识匮乏，创业认知尚停留在你买我卖这一简单朴素的交易行为上。

（3）该生缺乏对校内外创业支持政策的关注，难以获得校内外专业的创业指导与扶持，停留在“单打独斗”阶段。

2. 具体措施

党的十九大提出，创新是引领发展的第一动力，是建设现代化经济体系的战略支撑。根据 2015 年 5 月国务院办公厅发布的《关于深化高等学校创新创业教育改革的实施意见》提出的 2020 年建成较为完备的高校创新创业教育体系的战略目标，各高校目前在开展创新创业教育中，取得了一定的成绩和实际效果。同济大学历来高度重视创新创业工作，通过顶层设计，整合了学校、行业、区域、校友等优质资源，在创新创业人才培养、创新项目实践与创业项目培育、创业项目资助与孵化等各方面都走在全国高校的前列，形成了具有同济大学特色的创新创业生态环境。

（1）开展创业活动，提升学生创业能力。依托同济大学创业指导站，开展各项创业培训、创业活动和创业实战训练，如“大学生创业基础培训班”“创业直通车——走进学院系列活动”“创业沙龙”“创业大咖说”等，帮助邹同学这样的学生培育创业热情，激发创业意识，提升创业实践能力。

（2）创新服务手段，激发学生创业热情。依托同济大学创业指导站，推进创新创业指导服务工作。着眼于学生创业的阶段性差异化需求，为学生提供创业政策咨询、创业辅导、项目受理等服务，为大学生创业提供便利。同时，对接政府、企业和校友资源，为创业企业提供企业孵化、注册和入驻等方面的咨询和指导。建立了“创业培训—创业苗圃—创业基金—创业孵化—创业接力”的大学生创业实践服务体系，搭建了一条完整的创业服务链，全方位、全过程支持并保障学生的创业需求。

3. 对策、建议及反思

（1）明确教育目标，树立科学的人才培养观念。增强培养创新创业意识理念，把创新创业意识的引导作用放在突出位置，加强对学生的创新创业思想启蒙。

（2）做大做强宣传，营造浓郁的创新创业氛围。针对性地加大宣传力度，拓宽宣传途径，利用学校网站、微信公众号平台等媒体力量对创新创业教育做好宣传，让更多的学生了解学校创业教育服务部门，营造注重学生创新精神及创业能力的培养的校园文化氛围。

（3）健全课程培训，融会贯通专业课堂与实践课堂。为了加强大学生创新创业理论知识与创新创业实践技能培养，我们应增强课程培训的科学性、健全性，针对不同层次的学生开展差异化的培训指导。针对性地培养学生的创新创业能力，有利于学生发挥学科优势进行更接近实际的创业实践，做到知行合一。

（4）完善保障机制，切实解决学生创业困难。应科学探索院、校两级完善的创业教育服务指导机构,根据学生创业的不同阶段和不同专业背景,为他们提供定制化创业辅导服务。同时，搭建形式多样的内外沟通平台，促进师生、生生之间的创业事项沟通，及时解决学生的困难，服务于学生的创业需求。

（曹雪锋　学生处）

第五章　心理健康教育与咨询

透过表象，用心发现

——如何对常见心理问题进行早期识别和预防

【案例介绍】

王力（化名）是一名刚刚考入国内知名大学的大一新生。在别人眼里，他是一个喜欢微笑、乐观幽默又充满活力的帅气男孩。王力来自一个三线城市的小县城，学习刻苦努力，甚至有些完美主义。他的父母是初中教师，从小对他要求严格，希望他能在大学里继续努力，考取研究生。

然而，在面对全新的大学学习节奏和不够擅长的计算机专业时，王力逐渐无法承受学业上的压力，挂科、错过补考、重修等一连串的事件相继发生，曾经最有把握的数学也亮起了红灯，他变得拖延、自我怀疑，甚至回避他人，看到迎面而来的同学会想办法绕开。他把自己的内心死死地封锁住，从来没把学业上的困难告诉过任何人，包括自己的父母。他通过编造不同的谎言去欺骗他们，并云淡风轻地告诉他们自己生活得挺好。而身边的人包括室友，也很难从他微笑的脸庞上发现悲伤、自卑与绝望的情绪。

某天下午，当两个室友回到宿舍的时候，发现王力躺在厕所里不省人事，旁边有几个空了的药瓶子。他们吓坏了，赶忙联系了学院的辅导员，随后还发现桌子上有一封两三句话的遗书。辅导员紧急联系了保卫处和救护车，将王力送去医院急诊，原来他在室友出门后就偷偷服下了准备好的安眠药。好在室友回来后发现及时，王力被抢救回来了，医生给出的诊断是抑郁症。王力的室友和辅导员老师对此都感到非常震惊，在平日的相处中，他们根本无法把王力微笑的样子和抑郁症联系起来，更无法想象这个阳光大男孩竟然会尝试自杀。

【关键词】心理问题，早期识别，微笑抑郁

【案例解读】

王力所表现出来的行为和心理特征是典型的“微笑抑郁症”的表现。最近的调查研究表明，在抑郁症患者中，将近 15% ~ 40% 的人都有这种用微笑伪装自己的行为模式。这种微笑是一种防御机制，用来反复提醒自己不能让别人看出自己内心的悲伤、焦虑、绝望和无意义感。对于王力来说，外在的微笑和积极并不代表内心真正的开心和乐观，他的“微笑面具”背后藏着一个让他感觉羞耻和无力无能的自己，藏着一种害怕让别人失望的恐惧。

他无法接受学业上的失败，不想让任何人看到自己如此不堪重负的样子，也不愿意给别人的生活带去负担和麻烦。在他的内心里他并不相信家人和朋友能够理解他、关心他，更不知道如何面对别人的眼光和非议，害怕差劲的自己会被他们排斥和看不起。王力在习惯戴着“微笑面具”生活后就很难再摘下来了，他把抑郁的一面留给自己，默默对抗内心的压抑和痛苦，在深夜失眠的时候悄悄地流泪，反复回想挂掉的课程、失败的自己和没有希望的未来（反刍思维），进而陷入深深的绝望和无尽的无意义感中。最后无助的王力脑海里浮现出自杀的念头，仿佛这就是唯一的出路，可以让自己从这种无法忍受的痛苦中解脱出来。

1. 工作难点

针对像小王这样的学生开展心理健康教育工作，存在着以下工作难点：

（1）早期识别难度高

抑郁症其实并非显而易见的，尤其是非典型抑郁症，例如微笑抑郁症。这样的人总把抑郁埋藏在心里，戴着“微笑的面具”，过着看似正常的生活，以至于身边的人常常觉察不到任何的异常，也不会过分关心他们是否需要帮助。他们极少主动和他人坦露自己的消极情绪，以至于抑郁的情绪一直在心中压抑而得不到表达和宣泄，旁人也很难及时帮助和支持他们。

（2）隐蔽的自杀冲动

对于有着微笑特征的抑郁症患者来说，他们有着跟其他抑郁症患者同样的绝望和沮丧，并且会发展出自杀观念和自杀企图。与其他形式的抑郁症患者因为缺乏精力而无法实施自杀计划不同，他们更具实践性，能够将自杀计划付诸实践，这使得微笑抑郁症的危险性更高，防不胜防。

（3）恶性循环的强化

王力试图否认内在的消极情绪，他认为把这种负面的东西暴露出来会造成身边人的困扰和轻视，是一种无能无用的表现。他不希望被别人看到自己软弱、悲观的一面，继而回避和他人的正常交流，使自己得不到帮助和支持，以致不被理解的无助感进一步加深。

2. 具体措施

对常见心理问题进行早期识别和预防，可以从以下角度入手：

（1）学习常见心理问题的早期症状表现

辅导员和班主任是高校学生重要的生活导师，是学生遇到困难时常常想到的求助者。因此，及时补充常见心理问题的知识是关键，通过阅读书籍、参加培训或去精神科观摩等途径了解包括抑郁症、双相情感障碍、强迫症、进食障碍、药物滥用、精神分裂症以及边缘型人格障碍、偏执型人格障碍、反社会人格障碍等大学生常见心理问题的表现，可以提高心理疾病的识别能力。

此外，心理问题常常有一个发生、发展的过程。其早期的表现值得重视，包括情绪、想法、行为和生理四个方面的信号。其中情绪类症状包括：没有缘由地感到悲伤、感到没有希望而情绪低落，过度恐惧、害怕，容易生气和过度反应，过多焦虑、担忧，感到痛苦；想法类症状包括：消极、灾难化的想法，怪异，偏执，极端，或者难以理解，反复思考人生意义等哲学问题；行为类症状包括：学习表现变差，多次翘课、逃学，行为冲动，不计后果，回避和同学、老师的接触，变得孤僻、做事拖延、缺乏动力；生理类症状包括：容易生病，入睡困难，被头痛、胃痛类躯体疾病困扰，等等。

（2）从“生物—心理—社会压力”模型出发，做好积极关注和早期预防

多种影响因素可诱发心理问题，因此预防也需要从多方面入手。预防工作的重点在于聚焦减少诱发心理问题的风险因素和增加保护因素。因此，用真诚、主动、同理的方式和学生建立信任关系是基础，进而主动了解学生家庭经济情况、家庭氛围、疾病史和个人成长史；鼓励学生丰富人际交往和情感表达，推动建立可靠的支持系统；建立多元化的价值体系，帮助增加学生自尊的落脚点，提高自我接纳的程度；鼓励学生做好压力管理和情绪管理，放弃过分的完美主义，学会积极思考、解决问题和照顾自己，适当增加掌控感。引导学生形成健康的生活习惯，通过规律的饮食、锻炼、睡眠来消减压力带来的负面影响。积极关注疾病、学业、丧失、创伤等事件。

（3）推进心理健康宣传，对心理问题去污名化

积极传播心理健康科普知识，使学生有更好的自知力和对自身问题的初步判断能力；反过来，也能帮助学生发现身边同学的潜在心理风险，并提供支持。降低学生对心理疾病的羞耻感，帮助他们理解心理疾病和其他身体疾病一样是可以被接纳的，并不会因为心理疾病治疗史而影响学生的各项基本权利。

（章秀明　学生处）

共情促联结，闪光强自尊

——如何与存在心理困扰问题的学生进行有效沟通

【案例介绍】

小宁（化名）是一名来自欠发达地区农村的女生。家中还有两个姐姐和一个弟弟。在她出生后，父母为了能再生一个男孩，将其送给外人抚养，直至她上小学才将其接回家中。小宁刚回到家时，觉得一切都很陌生，畏畏缩缩，做家务出现差错时常被父母责备。不过，小宁学习成绩从小学到高中一直名列前茅，这让父母脸上有光。

小宁成了村里第一个女大学生和第一个重点大学学生。父母借钱为其拼凑了学费，同时也希望她能早日出人头地，多挣钱来改善家里的经济情况。小宁上大学后，除兼职做几份家教以补贴生活所需外，几乎把所有能用的时间都用在了学习上。她早出晚归，和舍友的交流很少，周围也没有什么朋友。虽然小宁生活很辛苦并且内心孤独，但她不敢有丝毫的放松和懈怠。然而大一结束时，小宁的成绩并不理想，虽没有挂科，但某些重要课程仅在及格线之上。这让小宁备受打击，同时非常担惊受怕，不敢和父母说实情，也无人可倾诉。

大二期间，小宁的心理压力更大了，她继续负重学习，却常常失眠，有时甚至整夜都睡不着。某次上课时，小宁因为实在太困而趴在桌上睡着了，结果被老师批评说学习态度不端正，这使她感到崩溃。之后，小宁常常默默流泪，失眠更严重了，茶饭不思，经常一个人躲在宿舍里不做任何事情，也不愿见人，即使强迫自己看书，也无法集中注意力。后经医院诊断，小宁患上了抑郁症。

【关键词】家庭压力，心理压力，抑郁症

【案例解读】

该案例既有其突发性：一个平时默默无闻、投入大量时间学习的学生似乎突然间崩溃了，像变了个人似的；又有其必然性：小宁不幸的幼年经历、从小到大成绩对于她的特殊意义、获得父母认可和实现父母期待的重压、人际的疏离等众多因素叠加在一起，出现心理困扰也许只是时间问题。因此，在应对好突发情况的基础上，需要结合小宁身上的长期问题进行综合施策。

1. 工作难点

针对像小宁这样的学生开展心理健康教育工作，存在以下工作难点：

（1）对于人际关系，小宁的潜意识中很可能有着“既怕又要”的感觉，“怕”在人际中再受到伤害和抛弃，“要”能维持住一点点有限的人际联结。这很容易导致小宁在沟通中不自觉地呈现出委屈自己、讨好他人的模式：主动“承认”自己的“问题”，表态自己会好好“改正”，而难以去坦露自己内心真实的感受和想法，担心这些会被他人认为不好而远离自己。

（2）小宁内心对于自身“不好”的想法可能是很顽固的，因为长期以来，她的自尊支撑就只有好成绩。因此，如何缓解小宁强烈的自卑感，以及如何帮助她寻找或建立更多的自尊支撑点是工作的难点，但同时又是关键点。如果在上述两个方向上缺乏改善，小宁的问题很可能会持续存在，反复出现。

（3）小宁的问题除自身因素外，还有着很强的家庭背景因素。因此，在与小宁的沟通中，除对于当下现实问题的讨论外，还应选择适当时机与其讨论家庭的情况、问题和影响，帮助她看到家庭系统对其产生的影响和作用，减少小宁的自罪与自责。

2. 具体措施

与存在心理困扰问题的学生进行有效沟通，可以从以下角度入手：

（1）心理学理论认为抑郁常常源于早年的丧失，因为现在某些事件而被激活（比如案例中，小宁成绩不理想和被老师批评），当事人被无意识地带回到早年的创伤中，早年面对伤害时的无能为力演变为抑郁患者的无望感和无助感，而未能表达的愤怒和悲伤会投向自我转变为内疚、自责和自罪，同时，自尊的弱化也是抑郁的主要特征之一。因此在与患有抑郁症等心理困扰的学生交谈沟通时，不能仅停留于说理教育，更不应将他们患病的原因归结为意志薄弱、缺乏理想信念等，而首先应该去关照和共情他们的情绪感受，使他们感觉到被理解和尊重，从而建立起进一步沟通交流的安全感和信任感。

（2）在与小宁谈话前，辅导员需要尽可能全面地了解她的各方面情况，不仅包括在校期间的，而且最好能通过各种可能的渠道了解她的家庭以及过往的经历。在此过程中重点去发现一些充满困难或者实属不易的事，但被小宁做到了或者坚持下来了。这些事件可以作为与小宁探讨她的资源和内在动力的素材。此外，也需要对抑郁症有一定的科学了解，避免误解和偏见。

（3）谈话的初始，需要真诚地向小宁表明沟通的目的是为了与其一起寻找方法和途径来帮助她，而非批评或告诫，并邀请她坦诚表达。有可能小宁一开始会沉默，甚至沉默较长时间，这是抑郁症患者的一般表现。此时，辅导员需要有充分的耐心去等待，告诉她可以慢慢来，不用着急，心里想到什么就说什么；此外，一段时间后也可以问一些与其有关或者可能会引起她兴致的开放性问题。小宁很可能会在谈话过程中哭泣或有其他的情绪性表达，这些对于抑郁症患者也是很正常的，此时辅导员不应急于让她停止，而应该通过合理的猜测和询问，帮助她渐渐用言语表达出内心的情绪和感受，缓解小宁的情感淤积和压力。

（4）在建立了较好的安全和信任关系后，辅导员可以和小宁仔细探讨她面临的问题和她想改善的目标具体是什么，一起思考有哪些资源、途径和方法可以帮助她接近目标，并共同制订切实可行的行动计划。还可以从小宁过往的经历入手，与她一起探寻出现过的闪光点、成功的方法，以帮助小宁改善当下状态，同时启发小宁意识到除成绩外自己还有别的自尊支撑点。在小宁的状况得到一定程度的改善后，辅导员可以与她交流造成其心理困扰的个体原因和系统原因，帮助她提升和扩展自我认知，促进自主改善。

（5）与陷入心理困扰的学生进行沟通交流时，应先共情学生的情绪感受，并尽可能了解学生的过往经历以更好理解当下状态的成因及其意义。在此过程中，应多倾听，言语也应以提问及引导学生表达为主。如果一开始就着力于通过说服教育、建议、提醒来试图快速改变学生现状，则往往欲速而不达，甚至适得其反。

（6）陷入心理困扰的学生往往有着低自尊、高敏感的特点，因此在与他们沟通时，应尽量减少评判性表述，特别是在沟通初期和对他们的情况了解不足时。否则容易导致学生以防御锁闭或假意顺从的方式进行沟通交流，不利于有效沟通的达成和学生问题的改观。

【参考文献】

[1] 马歇尔・卢森堡 . 非暴力沟通 [M]. 阮胤毕，译 . 北京：华夏出版社，2009.

[2] 约翰・温斯雷德，等 . 学校里的叙事治疗 [M]. 曾立芳，译 . 北京：中国轻工业出版社，2014.

（方圆　学生处）

家校合作
——如何与拒绝合作的家长进行有效沟通

【案例介绍】

小梅（化名）目前大三，面临着被退学的风险。她以高分考入名校，但进校后状态一直不好，对任何事情都没有兴趣，上课走神，不能控制自己的思绪。小梅主动寻求校外临床医生治疗，并到咨询中心求助，预约评估表上有勾选“我考虑过结束自己的生命”一项。心理咨询师对小梅进行了危机评估，并转介校医院临床心理科，医生诊断为双相障碍，开了相关药物。母亲知悉情况后，拒绝让孩子服药，觉得药物有副作用，担心会对小梅的健康有所伤害。母亲将女儿带回老家精神卫生中心重新就医，医生诊断为抑郁症，开了相关药物，服用一个月后没有效果。辅导员建议休学回家治疗，家长又觉得休学不是最好的选择。在左右徘徊中，小梅的状态越来越差。母亲这边有自己的很多想法，学校这边有明确的规定和建议，小梅不知如何是好，非常烦躁，一次辅导员打电话询问情况，小梅大吼一声，挂断电话。小梅平时无法正常上课和完成相关学习任务，事情变得越来越糟糕。

小梅的母亲是中学老师，辅导员在与母亲的接触中，可以感受到母亲作为一位老师的礼貌，但是也感觉到母亲的固执和难以沟通。小梅自述，服用校医院的药物是有作用的，家乡医院的药物并没有起作用。但小梅表示自己没法排除母亲的干扰，并说母亲一直主导自己的生活。母亲在家中相对强势，父亲的意见不太起作用。母亲仍然将注意焦点放在关心孩子的学业上，给予其诸多提醒与督促。在母亲的眼中，孩子自幼优秀，只是自控能力一直不强，多多督促，还是能回到正常轨道上来的。

小梅本人再次来中心求助。经过深入交流，中心老师了解到小梅与高中同学同吃同住，有很深的依恋关系，而在大学里却没能发展出有质量的友人关系，几乎每周都要回家。她在高中有自己喜欢的恋爱对象，但半年前被情感对象拒绝，进而完全失去了学习动力。在五一期间参加高中同学聚会时，她再次见到了自己喜欢的对象，并萌生了轻生的念头，准备跳河，觉得自己的生活完全没有意义。后来因为同学有别的邀约，而中断了自杀的计划。中心为此再次通知辅导员，请辅导员邀请小梅的父母前来沟通，但其父母来后，没有按约定见咨询师，而是直接带孩子回家继续就医。

【关键词】双相障碍，父母阻碍

【案例解读】

小梅来自一个知识分子家庭，父母双方都带着跨代的创伤。父亲从小与自己的父母分离，16 岁就去遥远的地方插队落户了，这导致他虽然非常顾家，但与家人缺乏沟通，更多的时候是在外忙碌或在经济上、生活上提供支持。他虽然很宠小梅，但并不亲近，不了解女儿的情感需求。爷爷奶奶重男轻女，全身心照顾孙子，并要求小梅的父母承担相关责任。小梅的妈妈为此跟小梅的爷爷奶奶产生矛盾，并且为自己的女儿没有得到爷爷奶奶相应的关注而委屈，对自己的先生将过多注意力放在父母身上而无暇顾及自己的小家心生怨言。外公外婆对于小梅的母亲虽然也非常严格，但忽略女儿的需求，觉得嫁出去的女儿泼出去的水。对于小梅母亲而言，自己无论为父母做多少，都无法得到他们的重视。小梅从小和父母在一个没有亲戚朋友的城市长大。小梅母亲自身的需求没有得到足够回应，因此自然而然地对女儿学业的关注大大多过对女儿内在需求的关注。后经咨询了解，小梅的母亲之所以如此坚决地反对女儿服用双相障碍的药物，是因为小梅爷爷因为老年疾病服用过类似药物，出现过许多副作用。

在本案例中，最关键的一点是，辅导员及咨询师如何与家长合作，让父母认识到学生面临的风险，尽快就就医服药达成一致。要让小梅得到有效治疗，辅导员必须对其父母开展有效的工作。而理解父母固执行为背后的内在心理状态，与父母建立信任关系就成为重要前提。

1. 工作难点

针对像小梅这样的学生开展心理健康教育工作，存在以下工作难点：

（1）每一个父母都受他们自身成长经历与原生家庭的影响，学生的行为也与原生家庭的影响密不可分。父母的力量有时会变成阻力，他们没有意识到很多情况是学生和父母之间的相处出现了需要修复的问题。

（2）心理咨询和心理治疗在当前中国的认知与接受程度是有限的，父母由于缺乏相应的知识与经验，会产生过度的恐惧与担忧。

（3）父母的行为又是矛盾的：既想得到老师的支持和理解，又怕老师对自己的孩子不负责任；既想得到最好的治疗，又害怕不能掌控相关后果。在本案例中，学校建议学生休学就医，以调整好状态。父母认为休学回家后，不方便在上海继续就医，以及复学后学生有可能还是不适应学习生活。但是学生的不及格学分逐渐增加，在校期间不能正常上课，也不能与老师沟通。父母的不配合导致事情无法往好的方向发展。

2. 具体措施

关于如何与拒绝合作的家长进行有效沟通，可以从以下角度入手：

（1）辅导员在和学生沟通时，应了解其家庭背景、父母的情况，以便在和家长首次见面时，就能建立起良好的信任关系。辅导员需要尊重家长的选择权利，耐心了解家长的需求，深入了解家长行为背后的影响因素，以便应对不同类型的家长，从而真正帮助到学生。

（2）学校可以制作宣传手册，普及心理咨询和心理治疗的相关知识，将和家长的沟通建立在科学知识支撑的基础之上。需要让家长明白，心理咨询和心理治疗并不可怕，可怕的是讳疾忌医或者自作主张，不配合医生治疗。

（3）校纪校规对于旷课和休学都有明确的规定。在接待家长时，辅导员应把学校的规定明确地告知父母，引导家长分析利弊，做出对于学生来说最佳的选择。

（4）辅导员的管理职能与咨询师的危机干预及咨询职责要密切配合。在本案例中，家长与咨询师深入交流后，理解了抑郁症与双相障碍的差异、相关药物的作用机制，了解了咨询师的工作经验与校医院医生的受训背景。他们由对抗变成了感激，觉得自己能遇到经验丰富又负责任的咨询师与治疗师很幸运，也觉得自己很被重视。此后小梅一直稳定地接受药物治疗及个别咨询，父母也坚持两周一次前来进行家庭咨询，一学期后，小梅回到了正常的生活和学习轨道。

（5）辅导员常常要跟家长打交道，与家长的密切配合十分关键。辅导员开展一定的家庭治疗培训，了解家庭的运作方式，学习与家长沟通的知识非常必要。

（6）儿童期依恋情感关系的好坏会影响成人以后的生活，对心理发展影响很大。辅导员在开展大学生新生教育时，就需要引导学生如何交朋友，如何建立和维系亲密关系。同时要开展各种团体实践活动，帮助学生融入集体，适应大学生活。

【参考文献】

[1] 萨提亚 . 新家庭如何塑造人 [M]. 易春丽等，译 . 北京：世界图书出版公司，2006.

（刘翠莲　学生处；李柳醒　建筑与城市规划学院）

洞悉缘由，减少阻抗
——如何邀请拒绝接受心理帮助的学生

【案例介绍】

朱康（化名）是某 985 高校的一名大三男生，上学期身体不适，检查后发现罹患了一种无法根治的慢性疾病，于是休学回家治疗了一段时间。回校后，由于身体的原因，不能吃一些重口味的食物，同时在生活作息方面也有很多的限制。这让朱康觉得没有办法接受，开始对父母产生了各种各样的不满情绪，认为父母不应该让他休学治病。周围人的劝解他也都听不进去，状态日益变差，甚至抽烟、喝酒、熬夜，所有的这些都是医嘱禁止、对他身体不好的。同时他的学业也出现了比较大的问题。之前朱康的整体成绩还可以，虽然不是很努力，日子过得有点颓废，但是他自己觉得还好。大学二年级时，成绩有所下滑，首次出现不及格，当时朱康进行了自我调节，成绩有所好转。但是突然生病，而且很难治疗，这对他是一个比较大的打击，心理上也出现了一些问题。

辅导员多次建议朱康去学校心理咨询中心预约咨询，但他一次次明确拒绝，说咨询是没有用的，谁也帮不了他，他没有问题，现在是怎么高兴就怎么来。辅导员了解到朱康从小学习一直名列前茅，当年的高考成绩更是进入了全省前 200 名。同时他的家境也不错，父亲是当地政府的一名官员，母亲是一名医生，父母都是双方家族里面发展最好的成员，所以朱康一直是亲戚朋友们心目中“完美的别人家的孩子”。进入大学后，朱康自我感觉非常良好，个性上有点桀骜不驯、自以为是，跟同学们的相处不是很愉快，老师们也不太喜欢他。

一段时间之后，朱康不咨询也不看病，他的情况越来越糟，不断跟父母发生口角，甚至有一次要打他爸爸。父母终于觉得他的行为比较异常，然后带他去看病。朱康被精神科医生诊断为双相情感障碍，而且伴随精神病性症状。

【关键词】身体疾病，双相情感障碍

【案例解读】

本案例比较复杂，因为朱康的身体疾病和精神疾病交织在一起，同时个案的成长经历和家庭背景也使得个案及其父母在问题出现后的很长一段时间内，无法接受而采取回避和否认的态度，所以一直拒绝寻求心理咨询的帮助，直至情况恶化。

1. 工作难点

本案例生理、心理、社会三因素相互影响，辅导员需要抽丝剥茧，分别从这三个维度来理解个案的困难，然后找到相应的对策。

（1）理解朱康生理（身体）方面的问题和困难

很多慢性疾病是我们比较熟悉的疾病，比如高血压、糖尿病等，虽然它不会立即给人带来生命的威胁，但病程长、症状顽固、病情易反复的特点容易对病人的心理产生巨大的影响。在大学生群体中，罹患慢性病的比例相对较低，所以在这种情况下，朱康由身体疾病带来的痛苦往往会被个案放大而被他人忽视。

（2）识别朱康心理（精神）方面的特点和问题

朱康的心理状态有两个方面需要关注：一是朱康被诊断为“双相情感障碍伴随精神病性症状”，精神病性症状意味着朱康的现实检验能力和自知力是受损的，但这是伴随症状，所以朱康在精神病性症状不发作的时候，还是具备一定的现实检验能力和自知力的，这就会使得朱康自己及他人更难判断真实的情况；二是朱康的成长经历使他无法接受并面对从“完美的别人家的孩子”到“问题学生”的转变，这动摇了朱康对自己的认同。

（3）关注朱康社会（家庭）方面的困扰和矛盾

朱康是家里的独子，父母全部的希望都寄托在他身上，而且进入大学之前他确实是父母的骄傲。对父母而言，朱康在学业上出现问题已经是难以接受的，更困难的是唯一的孩子还出现了精神问题。虽然母亲是医生，但对精神疾病的印象还是停留在几十年前。父母都缺乏对精神疾病的客观认识和科学态度，所以他们对辅导员的咨询和就医建议一直是忽视并反对的。

2. 具体措施

针对如何邀请拒绝接受心理帮助的学生进行沟通，辅导员可以从以下几方面入手：

（1）建立关系，给予共情和支持

在开展任何干预工作之前，最重要的是辅导员应该先和朱康建立良好的关系。做一个好的倾听者，站在朱康的立场上，尝试去体验他的痛苦，让朱康感受到辅导员对他的关心、温暖、理解和共情，慢慢接受并信任辅导员。

（2）了解并挑战朱康的非理性想法

理性情绪疗法，有时也被简称为“ABC 理论”，它的创始者埃利斯（A. Ellis）认为：正是由于我们常有的一些不合理的信念才使我们产生情绪困扰。A 表示诱发性事件；B 表示个体针对此诱发性事件产生的一些信念，即对这件事的一些看法、解释；C 表示自己产生的情绪和行为的结果。要改善人们的不良情绪及行为，就要劝导并干预非理性观念的发生与存在，而代之以理性的观念。等到劝导干预产生了效果，人们就会产生积极的情绪及行为，也就会有愉悦、充实的新感觉产生。

辅导员可以通过提问，和朱康一起探索并挑战他对身体疾病、精神疾病、心理咨询等存在的非理性观点，比如：“去做心理咨询就意味着自己很弱”“慢性疾病是治不好的，我以后的人生注定会很悲惨”“精神疾病是非常可怕的”“一服药我就完蛋了”。当朱康能够看到自己的非理性信念时，他就可以用更合理、更健康的信念来代替它。

（3）和家长相互支持，共同帮助个案

家庭是朱康坚强的后盾，父母的支持和合作是辅导员能够帮到朱康的重要资源。辅导员要积极和家长联系，建立工作同盟的关系，同时辅导员也要能够照顾到家长的情绪，给予安慰和支持。

【参考文献】

[1] 卡伦・霍尼 . 我们内心的冲突 [M]. 王作虹，译 . 贵阳：贵州人民出版社，2004.

（殷芳　学生处）

跨越语言与文化隔阂，用交流理解推动心理健康

——如何针对特殊学生群体开展心理援助工作

【案例介绍】

Raj（化名）来自印度，他来中国学习医学，现在是医学院的一名大一学生。

Raj 在印度当地是一个非常优秀的学生，成绩始终名列前茅。但是来中国后，语言方面的困难阻碍了 Raj 成绩的提升。他往往需要花费比同学多数倍的时间来理解一句话，或是看懂一页 PPT。这让 Raj 十分挫败。他很努力地想要提高成绩，但是效果一直不佳。

Raj 的家庭在印度是婆罗门，父母都从事与教育相关的工作，在当地被尊重和信任。按照文化、宗教和家族的传统，他应当完成学业后回到印度，接受父母安排的工作和婚姻。但是 Raj 渴望着未来能去不同的国家和地区生活，这是和父母的想法相违背的，Raj 一直不敢直接和父母讨论这件事情。

因为成绩不良和观念的冲突，Raj 减少了与父母的联系，缺少家人的理解和支持加重了 Raj 在异国的孤独感。

Raj 希望在大学里交到朋友，但 Raj 的班级里大多数是中国人。留学生不多且来自不同的国家。一方面，Raj 感觉很难进入中国学生的交往圈；另一方面，留学生各异的语言和文化习惯也让 Raj 缺少亲近的感觉，特别是大多数留学生并不像 Raj 一样重视学习，他们经常在一起因玩乐而熟识。Raj 身边有同样来自印度的同学，但是专业不同，导致他们学习难度差异很大，Raj 把大部分的时间花在了学习上，但是成绩一直不理想。时间一长，Raj 的情绪越来越低落，饮食和睡眠受到影响，曾经的兴趣爱好也变得索然无味。

【关键词】留学生，语言障碍

【案例解读】

学习是学生的主业。学业的顺利、学习成绩的优良本身就能给学生带来充足的自信和自尊。反之，学习困难则给学生带来心理障碍。国际学生也不例外。国际学生在学习方面，大多都会碰到语言困难的阻碍。大多数国际学生在留学前后已经经历了多年的外语学习，但是当使用外语学习一些知识时，国际学生往往会感觉到这一学习过程的艰难远大于用母语学习相同的知识。这一现象是相当正常且普遍的。

1. 工作难点与措施

（1）国际学生来到异国学习，社会、文化、宗教信仰、气候、人际关系、饮食习惯、娱乐方式等方面的差异都会让大多数国际学生感觉自己身处陌生的荒漠。在新鲜感带来的刺激慢慢消退后，不适应、不熟悉的感觉慢慢浮现，大多数国际学生会变得非常思念家乡。

适度的思乡是正常且有积极意义的。一方面，可以通过丰富的形式与家乡和家人朋友保持联系；另一方面，在异国仍然可以尝试着构筑起像家乡一样的熟悉感。比如：找到同乡的朋友，一起多交流、多聚会；在住宿条件允许的情况下，做几道家乡菜招待自己和朋友；在陌生的城市或国家找找类似家乡的建筑；等等。当太过思念家乡而无法正常学习和工作时，则要考虑适应困难和过度孤独的可能。适当地融入异国文化，交几个异国的朋友不失为一种有益的冒险。既平衡好自己的文化小圈子，又能尝试探索外在的文化大圈子。

（2）良好的人际关系是心理健康的重要保证。如何建立起健康、丰富的社交关系是很多国际学生感到困难的问题。语言再一次成为阻碍之一，这一次帮凶多了生活习惯、人际距离、文化差异等。在求同存异、尊重彼此的基础上，如果能积极地参与课上的讨论、小组报告等活动，课外的体育，兴趣爱好，甚至一些社会实践。增加自己与他人接触和交流的机会，发挥差异的互补性和吸引力，就会多出很多机会认识不同的朋友。在语言有困难的时间点，应当调整自己学习的目标。可以通过进一步的语言学习、管理好学习和休息的时间，以及调动更多的学习资源来改善。

和本国学生一样，国际学生同样有出现心理问题甚至心身疾病的可能。因为语言、文化习惯等因素的影响，国际学生的心理问题会更加验证以被识别出来。国际学生本身在面临这类困难时，也更难表现出主动求助的行为，或是根本不知道有什么样的资源能够帮助自己。因此，很多国际学生往往在问题发展严重时才被关注。国际学生可能需要更多的外语资料和讯息，来帮助他们了解学校里哪些机构和设施能够帮助他们。

国际学生可能会带来一些独特的文化、宗教、习俗的议题。这些困惑不尽相同，甚至有些不同文化背景会让我们很难理解。在类似的情况下，我们要最大程度地避免以己度人，避免站在自己的立场上，对国际学生的情况指手画脚，发表直接的指导性意见。反过来，我们可以邀请国际学生自己从不同的角度思考自己的困惑，或是找到一些熟悉相关文化、宗教、习俗的资源帮助他们一起澄清，找到合适的解决途径。避免简单粗暴、不尊重文化背景的相关工作方式。

2. 对策、建议及反思

针对国际学生开展心理援助工作，可以从以下角度入手：

国际学生群体在语言技能和学习能力方面的差异非常大，针对学习有困难的国际学生，学校和老师可以主动地组织他们进行语言或是专业知识方面的补习。

学校和老师可以鼓励组织国际学生和本国学生进行相关文化交流，开展国际文化活动。

一方面，向国际学生介绍本国文化；另一方面，向国内学生介绍外国文化，甚至可以调动本国学生与国际学生搭对进行语言的练习或生活的帮辅。

学校和老师可以设计并翻译更多的资料来帮助国际学生更好适应异国的生活和学习。在一些文体活动中，如果能让国际学生展示自己的特长，将有助于他们建立学习外的自信与自尊。

国际学生的身心健康需要引起更多的关注。国际学生独特的文化宗教议题需要被尊重、重视，对此相关专业人员应谨慎处理。

【参考文献】

[1] 欧文・D. 亚隆 . 当尼采哭泣 [M]. 侯维之，译 . 北京：机械工业出版社，2011.

[2] 荣格・苏克 . 寻求灵魂的现代人 [M]. 黄奇铭，译 . 贵阳：贵州人民出版社，1987.

（戴赟　学生处）

培养小助手，温暖你我他

——如何在学院层面培养心理委员并发挥其作用

【案例介绍】

王援（化名）是班级里的开心果，平时对大家嘘寒问暖，跟班级同学关系融洽，同学有困难时她总愿意伸出援手。同时，她也是一个特别敏锐的人，谁心情不好了，谁最近比较疲惫了，谁容易发脾气了，她常比周围同学更能觉察到，并非常自然地去关心他们，给予适当的支持和陪伴，所以，班里同学都称她“小暖妞儿”。班委选举时，她在大家的簇拥下做了“心理委员”，有了这个职务，她在与班级同学交流的时候更多了一份责任感和荣誉感。

焦玉（化名）来自某偏远山区，自幼与爷爷奶奶一起生活。为了生计，父母常年在外打工，供养着姐弟俩的学习和生活。条件稍好后，父母接弟弟到了城里上学，她则继续留在山里。常有邻居开玩笑说：“弟弟进城了，你咋不去呀？是不是父母不要你了呀！”看似玩笑的话语，深深刺痛了她的心，虽然从没表达过，但她对父母的决定有着极大的愤怒，对父母的情感也非常复杂，爱恨交织。进入大学后，面对与周围同学的巨大落差，面对学业的压力，面对与父母越来越没有共同语言的交流，她陷入了深深的迷茫与焦虑之中。一天，她将自己视为挚爱的娃娃送给了王援，发微信给她：“谢谢你在我失意的时候陪我说话，以后不会再麻烦你了……”凭着自己的直觉，王援冲进了焦玉的宿舍，见床铺、桌椅整理得整整齐齐，而人却不知去了哪里。她与舍友一起拉开焦玉的抽屉，发现了她留下的遗书。

王援马上告知了辅导员，并发动大家在她实施自杀之时，救下了她……

【关键词】心理委员

【案例解读】

焦玉的状况在当前大学生群体中并不鲜见。2018 年《自然》杂志在调研了 26 个国家的 2200 余名研究生后发现，存在焦虑和抑郁情绪的学生占比分别为 41% 和 39%。我国国家卫健委的调研数据显示，抑郁障碍的患病率为 3.59%，焦虑障碍的患病率为 4.98%。常见精神问题在大学生群体中也日益严重，我校校医院临床心理科 2019 年门诊接待量千余人次。面对如此大量的学生群体，单纯依靠辅导员或导师的力量是无法全部关照到的，而学生心理委员队伍的建设有效弥补了这一漏洞，各班级、各导师组通过选拔和培养 1 ～ 2 名学生担任心理委员，作为教师的工作助手，一则在工作上可以进行延伸，二则利用他们学生的身份和同吃同住同生活的特点，便于发现和处理问题。本案例中王援正是凭借敏感性和责任心，加之受训时老师提到“将心爱之物送人有时是一种重要的危机信号”，才能够迅速做出反应，并通过及时汇报和调动学生力量，挽救了一条鲜活的生命。

1. 工作难点

建设心理委员队伍主要有以下工作难点：

（1）心理委员队伍的管理及培养问题

心理委员工作队伍由各学院负责选拔和管理，学校心理健康教育与咨询中心每年针对大一新生心理委员进行集中培训和日常专题培训，但如何将学校的专题培训与学院日常管理有效结合起来是一个值得探讨的问题。目前，有些学院探索在学校培养的基础上联合几个学院为心理委员队伍提供继续教育，以提升其专业工作技能，取得了较好的效果。辅导员应该有效调动心理委员的工作积极性。一方面，作为班委重要成员，心理素质应针对大家的年龄特点、专业特点、年级特点等至少每学期召开 1 ～ 2 次心理专题班会；或根据不同主题，如自我探索、人际关系、恋爱婚姻、情绪情感、职业发展、压力调试等，开展心理健康教育宣传和研讨活动，提升大家对心理问题的关注和注重对健康心理的培养。另一方面，学院应调动心理委员的责任感和积极性，让其充分参与班级管理活动，并定期与其进行会谈，以了解最新状况。各学院心理辅导员作为学院专项工作教师，应认真梳理心理委员的工作内容，定期召开专题工作会议和培训，以为其提供专业支持和心理支持。

（2）危机信号的识别

大学生常见危机预警信号有时表现得比较明显，有时比较隐晦，但在计划或实施自杀前，当事人或多或少都会表现出一些蛛丝马迹。通常，危机的征兆包括言语征兆、行为征兆和其他征兆。言语征兆主要包括直接向人表达“我想死”或“我不想活了”；间接向他人表达如“我所有的问题马上就要结束了”“现在没有人可以帮助我”“没有我，他们会过得更好”“我再也受不了了”“我的生活毫无意义”；谈论与自杀有关的事或开自杀方面的玩笑；谈论自杀计划，包括自杀方法、日期和地点等；流露出无助或无望的心情；突然与亲朋告别或谈论一些可行的自杀方法。

行为征兆是指出现突然的、明显的行为改变，如中断与他人的交往或出现很危险的行为；明显减少与其生活中的重要人物的交流；有抑郁的表现；将自己珍贵的东西送人；有条理地安排后事；频繁出现意外事故；饮酒或吸烟的量大增；退缩和独处明显增加；出现失眠且很持久；食欲不振；工作或学习成绩下降；自卑感和羞耻感；等等。

其他征兆包括将自己想死的念头对周围的人诉说或在日记、绘画中表现出来；情绪性格明显反常，焦虑不安，无故哭泣；食欲不好，失眠；个人卫生习惯的改变（肮脏）；回避与人接触，与集体不融洽或过分注意别人；行为明显改变，对生活麻木冷漠的人，像突然变了一个人似的，敏感又热情；无理由地向他人道谢或致歉；对学习失去兴趣，上课无故缺席，迟到早退，成绩骤降；等等。

2. 具体措施

对于如何培养心理委员并发挥其作用，可以从以下角度入手：

（1）建立良性的信息沟通及反馈机制

各学院应建立心理委员工作机制和沟通反馈机制，使其知晓在危机预警或危机发生时，可通过何种渠道汇报，向谁汇报，并鼓励心理辅导员、（生活）辅导员、班主任或导师等定期与心理委员或宿舍长进行沟通和信息交流。此外，应打消心理委员工作汇报时“打小报告”的羞耻感，使其知晓生命高于一切，为其工作减压。

（2）建立协同联动机制，有效利用各类资源

在处理危机事件的工作中，应充分利用从学生骨干队伍（学生心理委员）到专家顾问（学院心理辅导员、精神科医生、专家督导师、专兼职心理咨询师）的五支工作队伍，加强学校、医疗和家庭等各种力量的有效整合，最大限度地发挥医学治疗、心理咨询及教育干预在学生危机干预中的重要作用。通过引入“家校联动”缩短学校与学生、家长间的距离，促进家长对学校的理解和支持，加强学校教育对家长及家庭的延伸影响，消减家庭和学校之间不必要的追责现象。建立协同联动机制，将医院治疗、学校预防、家庭跟踪与陪伴等方面的优势充分发挥出来，整合出一条切实有效的危机预防与干预之路。

【参考文献】

[1] 朱瑟琳·乔塞尔森．我和你——人际关系的解析 [M]. 鲁小华，孙大强，译．北京：机械工业出版社，2009.

[2] 露易丝·海．生命的重建 [M]. 徐克茹，译．北京：中国宇航出版社，2011.

[3] 姚玉红．女性心理素质修养 [M]. 北京：清华大学出版社，2018.

（吴双磊　学生处）

普及科学知识，共建健康氛围
——如何在学院和班级层面开展心理健康教育

【案例介绍】

本学期以来，A 学院前往校心理咨询中心寻求帮助的学生明显增多，其中有相当比例的学生已经被医院精神科诊断为不同类型的精神障碍，已进入常规服药、定期复诊阶段。在这些病例中甚至出现了若干起尝试自杀的危机案例。一时间，心理健康成了学院师生的热门话题。

如何看待这些同学的病情？如何与他们相处？在大部分同学看来，心理问题是每个人都有可能在不同时期遇到的不同程度的困扰，对于暂时面临心理问题的同学，要关心、支持他们正视心理问题，积极寻求专业治疗和干预，减少心理问题对正常生活、学习的影响，度过眼前的困难。

同时，也出现了几种不同的观点。观点一认为，这些同学是在思想和态度上出了问题，意志力不够坚强，面对困难退缩、逃避，才会出现心理问题，“内心坚强的人，根本不可能有心理问题，他们就是太脆弱、太矫情了”。观点二认为，他们的问题完全是自身的原因，别人做不了什么，“这几个人平时就看起来怪怪的，原来是心理有病啊，还要寻死觅活的，真吓人，还是离他们远一点比较好”。观点三觉得他们非常可怜，但又爱莫能助，“精神出了问题，这辈子都毁了，好可怜”。多种观点交集，学生之中议论纷纷，莫衷一是。

在这个月的 A 学院学生工作例会上，学院老师们经过讨论，决定就当前学生心理健康议题，在学院和班级层面开展专题教育，在学生中普及正确的心理健康知识，树立适当的心理健康观念，营造和谐融洽、支持共进的集体氛围。

【关键词】心理健康

【案例解读】

大学生群体重视同伴关系。大学校园的生活、学习氛围决定了同学之间关系紧密。当身边同学出现心理困扰、心理问题甚至自杀危机时，大学生往往非常关注。为什么以前朝夕相处、亲如手足的同学，一夜之间成了有心理问题的“病人”？什么样的同学会出现心理问题？我会不会哪一天也变成“神经病”？随之引发的不解、疑惑、惶恐不安，让大学生试图去理解身边出现心理问题同学的状况，解释心理问题的来源。现实中，大学生群体对心理问题的看法常常是多种声音并存的，难以在短时间内形成科学的共识。在这种情况下，在学院和班级层面开展专题心理健康教育是非常必要、十分迫切的育人措施。

1. 工作难点

在学院和班级层面开展心理健康教育，主要有以下工作难点：

（1）心理问题成因多元，可能受生物、心理、社会、经济、家庭等多重因素影响，用单一维度难以准确归因；部分学生的心理健康知识水平参差不齐；对身边同学的心理问题归因受到情感等个人因素影响，不会完全客观中立；社会上对于心理问题的一些固有错误观念仍有残余，对心理问题的排斥、贬低、污名化情况时有发生；如何区分专题心理教育与政治思想工作，怎样区别普及科学知识与统一思想信念。以上多种因素共同作用，决定了对大学生开展专题心理健康教育工作有其自身难度，需要谨慎应对。

（2）大学生出现心理问题后，会接收到来自同学、老师、学院、家庭、社会等多方面的不同声音，进而影响其本人的自我认同。一方面，人际关系和社会存在干扰了他们的正常生活、学习、工作，甚至可能使其产生羞耻、负罪等次生负面情绪，阻碍对其心理问题的有效干预和治疗。另一方面，强调心理健康教育，把出现心理问题的学生放到聚光灯下，可能违背他们本人的意愿，不利于心理问题的干预和治疗。如何把握加强教育与保护学生的分寸，是值得探讨的工作难点。

（3）在学院和班级开展专题心理教育，需要学工教师、导师、辅导员、学生干部群策群力，多管齐下，灵活采用多种教育形式，既有单向的知识宣教，又有互动式的讨论交流，结合团体拓展训练等活动，从知识普及、观点碰撞、团队建设等多个角度综合施力，在集体中共同建构科学有据、支持接纳的心理健康氛围。

2. 具体措施

在学院和班级层面开展心理健康教育，可以从以下角度入手：

（1）对于个体来说，所处的集体是重要的社会支持系统，集体中的人际关系对于面临心理问题的个体有强大的支持作用。作为大学生心理健康教育的一种形式，学院和班级层面的集体心理健康教育是高校心理健康育人的有效举措，能够有效地普及正确的心理健康知识，创建良好的集体氛围，形成有益的人际支持系统，帮助已出现心理问题的学生尽快恢复，改善大学生的心理健康观念，提升心理健康意识，一定程度上预防学生出现潜在的重大心理问题。

（2）在学院和班级层面开展专题心理健康教育，应当重视教育的形式，可以举办一系列活动，如：请校医院的精神科医生开展常见心理疾病的科普讲座；请校心理咨询中心的心理咨询师根据学院和学生特点，开展针对性的团体心理辅导；在学院内以班级为单位，就心理健康议题，举行现场辩论或知识竞赛；征集“心情故事”摄影、微视频作品，进行评比和展出；学院师生自由组合，组队参加“一起走心路”校园定向活动；以“当我心情不好的时候”为主题，举办明信片设计和展示活动；等等。心理教育形式多样，生动活泼，让大学生容易接受，乐于参加，有助于使专题教育达成实效。

（3）心理咨询涉及来访学生的个人隐私，寻求心理咨询这件事也是个人隐私的一部分。学院和班级要联合校心理咨询中心，保护寻求心理咨询帮助的学生，包括在学院、班级要求下前往校咨询中心求助的学生。此外，也要本着爱护学生的教育原则，严格遵守咨询专业伦理，做好相关保密工作，不得把寻求咨询的内容随意外泄，以免对求助学生造成不必要的伤害。

（4）对于出现轻度心理问题的学生，专题心理教育应当把他们作为学生群体中的一员，不要刻意区别对待。同时，要给他们提供适当的关心、帮助和支持，就像面对出现一般躯体疾病（例如骨折）的学生一样。对于出现中、重度心理问题的学生，尤其是参加集体活动可能影响甚至加重心理问题的个案，可由辅导员征求其个人参加活动的意愿，或咨询精神科医生、心理咨询师，一人一议，把握好参加教育与爱护学生的尺度，拿捏好融入集体与维护个体的分寸。

（5）临床咨询中常用的问询证明，让出现心理问题的学生意识到“心理问题是每个人在生命的不同阶段都有可能遇到的挑战”有助于其树立科学的心理健康观，减少自责感和羞耻感，正确面对心理问题。学院和班级在开展心理健康教育时，应根据不同活动的特点，融入普遍化技术理念。

（6）集体层面的心理健康教育，要在把握整体教育目标的基础上，允许教育过程中出现差异性。保持“普及知识、团结集体、互助共进”的主线不变，对过程中可能出现的不同意见和声音，一方面，就明显的错误，应当以科学实证的态度加以纠正；另一方面，对仍有争议的话题，可以适当包容非主流观点，以求同存异的态度营造适度宽松的集体氛围，为学生的成长和独立提供有益的空间。

【参考文献】

[1] 理查德·格里格，菲利普·津巴多. 心理学与生活 [M]. 19 版. 王垒等，译. 北京：人民邮电出版社，2016.

（钱钧　学生处）

温柔的接纳可以打破科研上的负能量循环

——如何发动导师和班主任参与心理育人和危机干预工作

【案例介绍】

张帆（化名）大学毕业时以优异的成绩被保送进入本校的研究生研究项目学习，虽然属于跨专业保研，但张帆从研一开始就进入导师的项目组做科研辅助实验，研究进度和完成程度都很不错。升入二年级后，导师开始将项目交给他牵头完成，并着手准备发表论文和毕业论文开题的事宜。

但从最近的一个学期开始，张帆的研究进展开始变得缓慢而停滞。在项目组每周的例会上，他常常无法清晰地说出本周的进展，实验数据也屡屡拖延。在此之后，张帆时常会以各种理由缺席例会，同组的学生看他出入实验室的次数也大幅减少。室友发现他常常一个人待在宿舍几天不出门，玩游戏、吃外卖，或者蒙头大睡，人也消瘦了。最后他还是没能通过开题答辩，面临推迟开题的问题。

张帆曾和同组的师弟表达对科研成果的担忧。他觉得自己跨专业后，对新知识的学习不堪其力。在研一时作为辅助人员，自己还能应付其他人交办的工作。但现在独立带项目了，他感到很茫然，没有思路，但又害怕向导师寻求帮助，怕导师觉得自己能力不行，发现自己不像一开始进组时表现得那么好，觉得大家都在看着自己，尤其是导师批评他科研没有进展之后，现在只要一想到去实验室就很心慌，觉得很害怕。

【关键词】研究生，焦虑

【案例解读】

张帆表现出的这些行为以及心理状态显示出他有可能处于一个抑郁与焦虑的阶段，这在科研工作者中非常普遍。《自然》期刊的研究显示，研究生经历抑郁与焦虑的比例是普通人群的六倍甚至更高。在张帆的案例中，最本质的触发原因是他曾经一直处在“优秀”的状态中，十分看重他人的期待和评价，也逐渐内化成对自己的高标准、严要求，无法接受自己在学术研究上的迷茫和“不胜任”。完美主义和不自信的混合使得他倾向于逃避痛苦。

1. 工作难点

针对像张帆这样的学生开展心理健康教育，主要有以下工作难点：

（1）情况的识别

在现实案例中，导师和班主任常常无法清晰地识别学生的心理状态。单凭其表现出的拖延、孤立和不作为等行为，旁观者有可能理解为一种普通的“偷懒”“态度不积极”或道德评价上的“不负责任”。识别和理解学生为什么出现这样的行为十分重要。

（2）导师自身的情绪

由于导师与研究生之间有着学术依存关系，学生一方的失误或拖延常常也会影响导师的研究进度。导师也会对此产生个人的感受和评价，甚至情绪上的不满。这时就需要导师能控制好自己的个人情绪，以冷静和理解的态度观察、探寻及识别学生行为上的变化。

（3）打破负能量循环

张帆表现出对科研的逃避行为其实是他应对压力的一种方法，但这种方法是消极的。他的逃避行为来自一个循环（如下图）：对自己期待很高→感受到科研不胜任→暂时逃避科研→感知到自己的落后→感知到导师及项目组的怀疑和失望→内化为对自我的失望→害怕表现出不胜任→继续逃避科研。

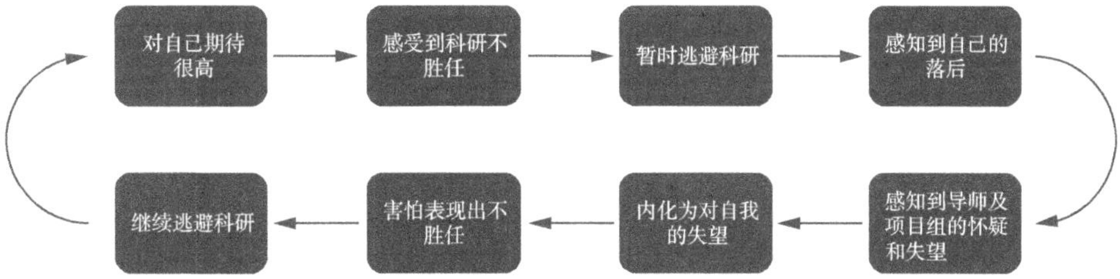

这个循环链条的形成，有张帆个人成长经历的因素，也有现在感受到科研压力的原因。要切断这个链条并不容易。导师或班主任如何与其对话才能既不增加他的自卑感，又鼓励他勇敢面对困难，这其中的分寸非常微妙。

2. 具体措施

发动导师和班主任参与心理育人和危机干预工作，可以从以下角度入手：

（1）及早发现，识别学生的心理变化

作为与研究生的日常生活最息息相关的教职人员，当学生在学习和生活上出现明显的行为变化时，导师和班主任是最早有所察觉的人。如何识别学生的变化？首先应设法探知学生现阶段所面临的困难，而不是将其理解为“能力问题”“态度问题”，更不是“道德问题”。导师和班主任可以了解一些心理问题常见的表现。科研工作者经历的抑郁具体表现为自信心下降、对自我价值的否定、工作拖延、社交孤立、睡眠习惯改变、失去快乐感受等。焦虑感则表现为对未发生的事表现出过度担忧，甚至出现“出汗”“心悸”等躯体表征。

（2）危机处理

如果学生因科研压力而产生危机事件（自伤、自杀或伤害他人的念头或行为），此时对学生打击最大的是“绝望感”。学生的心理问题可能已经明显干扰了学业，导师和班主任应先努力解决现实问题，尽量保护学生继续学习的机会和已经获得的学业成果，尽可能给予学生“希望感”，将危机的影响减到最小。

（3）降低姿态，接受学生的负面情绪

中华文化有“尊师重教”的传统，因此导师和班主任在学生心中普遍是受到爱戴和敬仰的。而又因为教师承担“管理者”“指导者”这样的“上位者”身份，导师和班主任对学生的鼓励反而很可能成为学生的压力，从而害怕继续在老师面前“丢脸”。一味地鼓励常常不能奏效。这也是为什么学生普遍不愿主动寻求导师帮助的原因。导师和班主任需要首先接受学生的局限性，明白他们还是在学习中的“初级”科研者，接受他们的不完美和不胜任，并将这份“接纳”的心态传递给学生，告诉他们科研有困境是正常的和合理的，不过分苛求和鼓励，包容学生表现出的“不胜任”状态。

（4）帮助学生循序渐进地获得掌控感

在接纳“不胜任”的基础上，导师和班主任可以帮助学生找到方法来使其慢慢变得“胜任”。这需要与学生充分沟通后，找到他知识薄弱和学习方法上需要改变的地方，了解学生的内心感受。在应对学业困难上，将大的目标分解为可实现的小目标，导师在学生有问题的时候给予及时回应解答，同时不带有“批评、挑剔”等负面评价，以此来帮助学生建立自信，恢复常规学习和科研活动。在应对抑郁和焦虑等心理困难上，帮助他们意识到自己的情绪，抓住情绪并用积极的方法应对情绪，同时推荐他们寻求专业心理咨询师的帮助。

【参考文献】

[1] 罗伯特·费希尔. 盔甲骑士：为自己出征 [M]. 温旻，译. 北京：机械工业出版社，2016.

（王乐实　学生处）

科学规律定底线，柔性关怀保育人

——辅导员如何兼顾人文关怀和规则管理

【案例介绍】

心理咨询中心的老师常常听到辅导员说起这样的两难境遇：“我们学院的一个大四学生，因为最近失恋，窝在宿舍里一个多月了，也不怎么出门，临近毕业了也不写毕业论文，专业老师、班主任约见都各种推托，宿舍同学也觉得情况不对，但也搭不上话，整个一个自闭状态。我们去宿舍了解情况后才知道，他和爸妈关系非常差，根本不愿意和爸妈多说话，失恋后心情低落，又没有人可以倾诉，加上毕业论文啊，找工作啊，本来说要考研究生的，压力一集中现在也全放下了。这可怎么办啊？看他那个样子吧，可怜也很可怜，确实有很多伤心事，但不毕业也不行啊，他的专业老师也在向我们求助，说他总不见老师，总窝在宿舍里，总逃避问题，我们又怕他是抑郁什么的，也不敢催，怕万一催狠了，心情更加恶化，建议他做心理咨询，看医生，和同学散散心，可他都听不进去。你说，这种情况下我们辅导员该怎么办呢？这又是迫在眉睫的关口。”

“社会啊，家庭啊，还有学生啊，对老师的人文关怀期待还蛮高的，希望首先要有人的关心、理解和支持。举个例子，有个学生被诊断为严重抑郁，无法坚持学习，而且有风险，照说应该休学回家休养，但学生坚持不休学、不回家，要死要活地表示回去之后会让父母伤心，而且要求我们不要对父母说，会让本来有希望的家庭遭受残酷打击，非要待在学校里，这是不允许的啊。你说辅导员内心多为难，好人做不得，恶人不忍心。”

【关键词】人文关怀，规则管理

【案例解读】

正如上述案例介绍的，不少辅导员在现实工作中遭遇类似的两难境遇：学校的行政管理有硬性的规定要求，达到或达不到某种标准就面临休学、退学等规定，但另一方面也知道学生面临诸多的个人困难，希望学校老师多多包容、关心、理解和支持。当硬性规定碰到柔性需求时，该如何平衡地处理是工作的关键点。

在高校的实际管理工作中，辅导员和大学生的日常接触最规律、最持久，也常常是大学生最为熟悉，甚至最感亲近的一群高校教师，所以师生间的人文关怀、情感交流常常是这一群体所肩负的期待。然而，辅导员是高等学校教师队伍和管理队伍的重要组成部分，是开展大学生思想政治教育的骨干力量，同时也负责日常管理工作的组织、实施和指导，兼具柔性关怀和刚性管理的两种角色。

教育的手段就是既要有规则约束，也要有情感育人，但这两种需求仿佛一个坐标轴的两端，各占一个极点，彼此之间是很长的连续变化谱，需要根据新时代的各种情境做灵活的改变，但任何一种情况如果只是走极端地站在极点上，或者只有冷冰冰的规则，或者只有无边界的情感，都不符合育人工作的最终目的。

1. 工作难点

对于辅导员开展工作时要平衡好人文关怀和规则管理，主要有以下工作难点：

（1）科学界定和评估问题

新时代新环境，很多大学生存在新问题，比如很多留守儿童现在已经长大成人进入高校，既往是疏离的家庭关系，现在遇到的是大学的环境适应、学业困难等问题。有时候老问题也会出现新特点，比如学业困难的问题不仅仅是缺乏学习兴趣、缺乏自控力的问题，还可能伴有精神症状、心理困惑等。这些情况都需要辅导员首先清晰界定核心问题——是学业问题为主，还是健康问题为主？只是心理困惑的问题，还是也有违纪违规的问题？特别要评估问题的风险，掌控风险是平衡兼顾人文关怀和规则管理的首要条件。

（2）坚守基本的教育原则

高校的教育原则是尊重学生的成长规律和实际需求，培养全面成长的高素质青年人才，既要“人人平等”，也要“因材施教”。在此原则指导下，我们要考虑学生的特殊情况或个别需求，同时也要考虑学校所有学生的共同需要，不能打破基本的公平、公正和秩序，不能因为照顾某一个人而对其他更多人带来损害。

（3）平衡多个思考角度

辅导员的两难困境也是因为要同时从学生、家长、教师、管理者多个角度去思考问题，仿佛盲人摸象一般，每个角度都只看到大象的一个方面，但最终解决问题时需要估计大象的每个侧面，抓住主要矛盾点的同时平衡整体性的需求，毕竟大象是个整体生物，而不是单个的耳朵、尾巴、身体或者腿。

2. 具体措施

针对如何兼顾好人文关怀和规则管理的问题，辅导员可以从以下角度入手：

（1）对个体表达人文关怀

尊重和理解是个体面对问题和挑战的基础，也是成人之间合作意愿的基础。人文关怀是一种“不批判”的基本人性态度，包容对方犯错，信任所有错误的背后都有不得已的为难或不经意的疏漏，这样才会发自内心地去表达自然而然的尊重和理解，而不是马上以高高在上的气势去评判对方，宣判对方即将面临的惩罚，这样会让本来就冷冰冰的规则更加让人难以接受。

（2）分散风险，注意整合资源

最大的两难是带着良好的意愿做了错误的选择，导致事态恶化或失去控制。因此，面对两难问题时辅导员需要做好风险预防和管控工作，保护好自己和学生，这时就需要健全、系统的风险管控机制。辅导员可以学习如何迅速整合资源来提供最充分的信息，包括教务、心理咨询中心、校医院、宿舍后勤、家长、同学等力量，为学生解决问题提供最多的可能性，让更多的组织和人员参与助人系统，不仅分散风险，而且为学生呈现出更多突破困境的希望。

（3）建立“多方对话”类的协商办法

在两难问题中，解决方案常常显得非常有限，那是因为一个人或少数人的视角和经验是有局限性的。“多方对话”类似上文所说的整合资源，把所有问题所涉及的部门代表老师或个体召集起来做一次有效对话，问题的当事人也要参加，为自己的问题负责，一起在全面掌握信息的同时商量如何协商最终的解决方案。

（4）注意调整教师自身的情绪起伏

遭遇两难情境时教师要随时保持自我的清醒反思，什么时候也失去耐心了，什么时候也感觉绝望了，这种情绪的起伏如果不加觉察就可能会在师生互动中影响到求助学生，会让本来两难的问题更加无解。调整情绪的起伏从觉察反思开始，经过命名情绪、理解情绪、疏解情绪等几个步骤，最终达到冷静的、理性的、有效的问题解决状态。

【参考文献】

[1] 潘柳燕 . 高校辅导员心理健康教育与咨询的角色调试 [J]. 高校辅导员，2017（6）.

[2] 莉莎・特克斯特 . 与情绪和解 [M]. 蔡世伟，译 . 北京：北京时代华文书局，2018.

（姚玉红　学生处）

协同作战，共渡难关

——如何按照心理危机干预的流程开展学生工作

【案例介绍】

阿琳（化名）是一个美丽却忧伤的江南女孩。她在高考前两个月，因重度抑郁致自杀而住院一个月，但她积极配合医院治疗，出院后按时服药，按时复诊，因此治疗效果良好，情绪慢慢恢复正常，高考发挥正常，考入本校。

来校一个月后，阿琳感觉情绪又出现低落，自杀的念头又冒了出来，她吓了一大跳，求助班主任。班主任建议她到校医院临床心理科就医，被诊断为双相情感障碍，医生重新调整了药方。阿琳服新药后情绪慢慢回转。

但一个月后，某次连续两天她忘记服药，虽然重新服药，但想自杀的念头却频繁出现，无法控制，去医院复诊，医生加大了药量，并建议她到本校心理咨询中心咨询。

在咨询中心填预约表时，她勾选了预约表中第 25 项：想结束生命的想法。中心助管看到后立即通知中心值班咨询师，咨询师对阿琳进行危机和风险的评估，发现阿琳危机状况严重，需要启动危机干预工作程序。

首先，咨询师和阿琳签好了“不自我伤害协议”，并让阿琳再三承诺，如果有自杀行为的话，请在自杀付诸行动前一定要给咨询师打电话。接着咨询师耐心地向阿琳解释危机干预流程是什么，以及现在启动危机干预流程的原因。阿琳这类情况的危机干预流程如下：咨询师立即通知分管阿琳所在学院的专职心理咨询师，专职心理咨询师通知阿琳所在学院的心理辅导员，提示风险，建议学院通知父母立刻前来陪读。在阿琳父母到校前，学院要密切关注阿琳，要保证阿琳身边一直有人陪伴。总之要利用一切可利用的社会资源来帮助阿琳渡过难关。

启动危机干预流程后，阿琳的母亲以最快的速度来到学校，但在她赶到学校前一个小时，阿琳的重度抑郁再次发作，她摆脱了陪伴的同学，来到一座高楼处，想跳楼自杀，自杀前她想起了那份协议，想起了那个承诺，就给咨询师打了电话。咨询师接起电话，一边安抚阿琳，一边安排人报警，给阿琳的辅导员打电话。最后大家一起赶到现场，救下了阿琳。

事后，专职咨询师、咨询师、阿琳、阿琳母亲和辅导员一起讨论后续安排，有两个方案：一是继续学业，但必须有家人陪读，同时结合药物治疗和心理咨询；二是休学在家休养，结合药物治疗和心理咨询。经过三天的考虑，阿琳决定回家休养。于是危机暂时告一段落。

【关键词】双相情感障碍，心理危机干预

【案例解读】

在阿琳的自杀危机案例中，引发她自杀的因素比较复杂。有个体内遗传系统（基因）存在异常，如阿琳两次危机发作时，分别被诊断为重度抑郁和双相情感障碍两类精神疾病；有个体在正常成长和发展过程中，重大生活事件、急剧的变化或转变所导致的个体的异常反应，比如高考、大学新阶段新环境的变化，都会激发阿琳的过度反应；而其中最根本的原因是阿琳赋予自己的过重责任感。阿琳的父母都是普通工人，多年来父亲因重病在家休养，拿着微薄的低保工资，母亲身体也不太好，但努力做着一份低收入的工作。虽然家境不富有，但父母倾其所有养育阿琳，一家人相亲相爱，阿琳从小就有个愿望，就是要通过自己的努力学习，考上个好大学，找一份高收入的工作，让父母过上无忧安乐的晚年。就是这个愿望和这份责任感让阿琳在自己的每一个人生重要阶段都会感到非常焦虑和担忧，唯恐走错一步，全盘皆失，但这份自我加压，却在她人生的这两个重要阶段使自己不堪重负。

总之，生理、心理与社会环境诸多方面因素导致了阿琳最后的崩溃。

1. 工作难点

针对像阿琳这样的学生开展心理健康教育，主要有以下工作难点：

（1）危机的识别

阿琳的危机识别比较容易，因为她的就医主动性很强。但在现实生活中，很多学生虽然对自己异常的身体和心理状态有所觉察，但会因为种种原因，把愤怒、焦虑、忧郁等真实情感隐藏起来，回避自己的躯体异样，不就医，使辅导员、班主任和身边的同学们常常无法知道这类学生的真实心理状态和身体状态。因此识别出有隐匿危机的学生十分重要。

（2）危机学生对危机干预工作程序的情绪

在咨询过程中，很多危机学生对咨询师启动危机干预工作程序会有很多负性情绪，如在签“不自我伤害协议书”时，他们会认为这是咨询师想逃避责任；如要把危机情况告知学院时，他们会有羞耻感，担心学院开除他们，或担心会写入档案，影响未来就业；如要把危机情况告知父母，对有些学生来说非常困难，他们会有强烈的内疚感，觉得不知道如何面对。因此了解危机学生的复杂情绪，及时解开他们的心结，对危机干预工作程序的顺利实施非常有帮助。

（3）父母对危机的态度

在危机干预过程中，不是所有的父母都能像阿琳父母那样很好地配合工作，及时到位。很多父母在接到学院危机电话通知时，反应常让人震惊，比如有位母亲会说：我现在工作很忙，过一段时间等有假期后我再去。比如有的家长会安慰辅导员：没关系，小孩子想不开，你们开导一下就可以了。因此，如何向家长耐心、详细地知会学生的危机情况，并说服他们前来学校配合工作是一个至关重要的技术活。

2. 具体措施

按照心理危机干预的流程开展学生工作，可以从以下角度入手：

（1）及早发现，识别学生的危机状态

心理咨询中心每年对新入校的学生进行心理健康普查，对筛查出来有问题的学生进行深入访谈，对有危机风险的学生建议心理咨询或就医。

心理咨询中心每天安排一位专职心理咨询师值班，对当天在咨询预约表上勾选第 25 项“想结束自己生命”的预约学生立即进行危机评估，及早识别学生当下真实的危机状态。

学院建立一人一册重点学生档案，对有危机的学生做到定时跟踪，做到情况及时更新。此外，对危机重点人群进行有针对性的排查。如：对大一第一次不及格学生心理辅导，对大二、大三多门不及格学生重点排查，对大四不能毕业学生的及时分流。

辅导员、班主任、学生骨干和心理委员们在日常生活和学习中要足够敏感，及时发现学生中一些可观察到的反常表现。

（2）态度明确坚定，但不失人文关怀精神

启动危机干预工作程序时，需要告知并耐心与当事学生讨论为什么要签“不自我伤害协议”、危机干预的流程有哪些、为什么要通报和通报谁，帮助学生理解心理咨询的伦理操守，理解危机干预程序的根本目的是为了保证学生的生命安全。当学生有异议时，咨询师可以继续倾听和理解，再做进一步的解释。这类讨论会让学生感觉安全和踏实。

（3）邀请父母，态度温柔、坚定，同时做好各种保护措施

启动危机干预工作程序时，有一个重要环节，就是如何通知父母前来学校。

要确认谁来打电话。打电话的人应该是班主任或者辅导员，或是老师身份的学生系统工作人员。

给父母打电话时，要有两人以上在场，需要录音。

通知父母其实是邀请父母合作的过程，有时候需要学院老师耐心地反复邀请，这是要给父母接受孩子出现问题的时间，有时也可以请咨询师与父母直接电话沟通，从专业角度让父母意识到孩子问题的严重性。

如果父母因种种原因拒绝前来，学院可以派人将危机学生送回父母身边，或可让父母签署“家长知情同意书之家长授权”“家长知情同意书之家长自行承担责任”“家长知情同意书——家长放弃监护责任”。

【参考文献】

[1] 理查德 · K. 詹姆斯，伯尔 · E. 吉利兰 . 危机干预策略 [M]. 肖水源等，译 . 北京：中国轻工业出版社，2018.

[2] 顾瑜琦，孙宏伟 . 心理危机干预 [M]. 北京：人民卫生出版社，2013.
[3] 王玲 . 校园突发事件的危机干预 [M]. 广州：暨南大学出版社，2011.
[4] 边玉芳，等 . 青少年心理危机干预 [M]. 上海：华东师范大学出版社，2010.

（廖一明　学生处）

第六章　网络思政教育

依托“三大工程”，让网络思政春风化雨

——如何建立既有教育意义，又受学生欢迎的新媒体平台

【案例介绍】

“同济大学生”微信公众号运营至今积累超过 4.5 万人的关注量，年发布各类推送近 700 篇，篇均阅读量在 1000 人次以上。现阶段其依托同济大学生新媒体中心，围绕“济扬”“济承”“济话”三大工程，开展十大专栏网络思政内容建设。

2016 年公众号依托原有团队和军训政治部学生，在四平路校区和嘉定校区分别组建团队。这个阶段主要由学生构思推送内容，更关注校园生活。团队以每日排班和原创推送任务指标为管理模式，整体管理比较松散。其间虽关注无车校园建设的推送阅读量近 5 万，但公众号关注量下滑近 1000 人。

面对这一现象，团队开始思考队伍建设和内容设计，正式组建了同济大学生新媒体中心，下设四个部门：日常编辑部、热点专项部、人物专访部、嘉定中心，建立了“话·济者”“继传统·济文化”“辅导员有约”等专栏，开始系统性地围绕网络思政设计推送内容，但实际上推送阅读量寥寥，关注量也无明显提升。团队方面，由于专栏设计偏向采访，导致热点专项部几乎无事可做；由于团队管理者赴嘉定校区与学生交流频率低，导致嘉定中心凝聚力弱，内容产出少，公众号运营陷入瓶颈。

【关键词】校级微信公众号，思想政治教育平台，网络思政

【案例解读】

同济大学现有五种类型的新媒体平台，从面向的群体、提供的内容、预期的成效三个方面来看，它们各有侧重。学校“官微”（对应学院“官微”）面向校内师生与社会群体，侧重学校整体层面的宣传。团委“官微”面向青年群体，侧重团口工作。事务类公众号侧重某一项具体工作领域的线上传播与服务。学生自媒体风格活泼，更贴近学生日常生活。而“同济大学生”（对应学院思政类“官微”）的核心定位是一个思想政治教育平台，主要面向校内学生，在考虑学生“口味”的同时，更要考虑如何将思政教育内容融汇其中，真正发挥“网络思政”的作用。建立既有教育意义，又受学生欢迎的新媒体平台是运营团队的工作重心。

1. 工作难点

（1）内容设计受限于网络语言与思政语言的天然“矛盾”

从网络思政的角度来看，新媒体有两个重要的特点——兴趣导向和快速阅读；思政教育也有两个重要的特点——教育导向和春风化雨。兴趣导向意味着学生只关注感兴趣的公众号，也倾向于阅读内容或形式上符合个人兴趣的推送；快速阅读意味着学生可能仅阅读标题，对推送内容“太长不看”。思政教育的教育导向意味着其内容和形式往往不太“娱乐”，学生在看到时会下意识地觉得，“我知道这个”“没有必要再看了”；春风化雨意味着思政教育是较为缓慢、循序渐进的过程，内容上也并不是一两句话能够涵盖的。这两组矛盾导致了网络思政内容设计的“先天不足”。

（2）内容传播受限于公众号技术天花板

目前推送大致有两种形式。一是最常见的图文类推送，受限于图文为主，即使加载了视频、音频等新媒体元素，也由于“快速阅读”特点，学生点击率并不高；二是单发视频、图片类推送，受限于只能配以简单的文字说明，新媒体元素与文字表达未尽协调。此外，对于没有将该公众号标记为“星标”，且长时间未曾阅读该公众号推送的学生，在推送列表中会将头条也进行折叠。这种技术限制导致在探索网络语言和思政语言结合的过程中，必须面对精心制作的网络思政内容传播性不足的困境。

（3）队伍建设受限于团队学生更新迭代频率

新媒体团队的学生更新迭代快，一般在工作 1 ～ 3 个学期后即会退出，这就导致新媒体团队面临四个方面的难题：组建方面，难以保留有技术、有想法的优秀成员；管理方面，难以形成有梯度、有层次的管理模式；培养方面，难以设计有深度、有体系的培养计划；传承方面，难以延续有经验、有思路的工作方案。

2. 具体措施

（1）内容设计融合网络语言与思政语言

“同济大学生”公众号围绕“济扬”“济承”“济话”三大工程，开展十大专栏网络思政内容建设。“济扬”工程，通过同舟（正向引领）、木楫（热点剖析）、同济青年说、学霸计划等专栏，展现传递不同群体同济学子的精神价值，传播正向能量。“济承”工程，通过“济节”“继传统·济文化”等专栏，将二十四节气等传统文化元素与同济元素结合，弘扬传统文化。“济话”工程，通过济闻、闲谈、炸鸡桶、晓事堂（通知）等专栏，围绕校园新鲜事，以轻松的文风表达同学观点，健康校园生活。

（2）内容传播关注学生切身需求与兴趣点

通过增加关注量来增强传播性。通过挖掘对学生“有用”的内容，吸引学生关注；及时回复，后台留言，维持学生黏性。

通过吸引转发来增强传播性。通过线上活动、新媒体元素、寻找学生兴趣点等方式吸引转发，阅读量能够突破关注量限制，也能吸引新关注。

通过直观的新媒体形式来增强传播性。用动图、漫画等直接可见的形式替代视频等需要点击的形式，即便是以视频为主体的推送，也可截取动图并附说明。

（3）队伍建设注重师生联结与团队延续

采用扁平化管理。指导老师与每位学生建立直接联系，通过面对面单独交流了解每个学生的特点，明确团队内定位，帮助学生向适合的方向成长，学生有成长与收获，才会愿意长期留在团队。

建立激励机制。如根据工作量、推送质量、阅读量等设定酬金机制，学生原创推送尽可能安排头条等，调动学生积极性。

选好领头羊。负责人应具备四点素质：扎实的推送制作功底、丰富的原创推送想法、凝聚团队的本领、广泛的新媒体资源渠道。

培养成熟成员。新媒体成员的成长大致经历三个阶段：第一阶段学会编辑、转发，能快速完成每日任务；第二阶段能提出自己的原创想法，并能实现（可能寻求外界帮助）；第三阶段能形成自己的风格，制作品牌系列推送。

延续优秀工作方案。对于系列推送，应以小组为单位合作完成，经常性交流工作思路，阶段性开展总结，以案例等文本形式记录工作思路、方案、难点。

3. 对策、建议及反思

“同济大学生”虽然已经在内容、传播、队伍三个维度进行了一些探索和尝试，但仍存在着网络语言与思政语言割裂、传播广度与深度不足、队伍建设断代等方面的缺陷。接下来将继续从三个维度出发，努力做好网络思政教育。

（1）丰富内容大纲，进一步系统化网络思政内容

组织学生团队继续深挖网络思政内容，进一步丰富较为薄弱的专栏，定期进行反思与研讨，形成内容与形式上的更新机制，保持平台的可持续发展。

（2）增强学生黏性，拓宽网络思政传播性

学习并研究网络思政内容传播新形式，挖掘学生兴趣点，固定内容推送时间，培养学生阅读习惯，丰富实用性功能、内容，增强学生黏性，在高阅读量的基础上，拓宽网络思政传播性。

（3）培养网络思政学生骨干，带动团队全面发展

以有情怀、有热情、有想法、有能力的学生为目标群体，充分挖掘，积极培养，全力打造网络思政学生骨干，全面提升网络思政平台的影响力。

（蒋哲宇　学生处）

记录同济青年精神价值，绘制同济青年图鉴

——如何选择与制作学生喜闻乐见又富有教育内涵的网络思政内容

【案例介绍】

“同济青年说”为“同济大学生”微信公众号2019年春季学期开辟出的全新推送板块，通过对代表性学生群体的深度访谈与事迹挖掘，记录同济青年精神价值，绘制同济青年图鉴。在短短一个学期之内，“同济青年说”制作了十篇相关推送，收获了较高的关注度，推送阅读量也比较理想。

网络思政教育一直是一项较为困难的课题，要找到“学生喜闻乐见”与“富有教育内涵”这两者间的平衡点并不容易，也需要内容既深刻、有意义，又能够充分引起学生兴趣、具有广泛传播的价值。而“同济青年说”则正好找到了这个平衡点。选择同济学子中的代表，他们来自学生，彼此更为熟悉、生活更为相近，同时代表们身上的闪光点又具有学习的价值和人生的启迪。

“同济青年说”作为一个全新板块，任务较重、较复杂，既需要进行人物选择、采访、撰稿、编辑等多项环节，也需要新媒体成员们之间的密切和默契配合。在刚开始做前几期时，成员们普遍显得较为吃力，完成推送需要的时间长，整体效率较低。但经过近一个学期不断的调整、磨合，成员们逐渐找到了节奏，开始得心应手起来。如今“同济青年说”这一板块已经成为“同济大学生”微信公众号较为重要的一部分，发挥着不可忽视的教育作用。

【关键词】网络思政教育，同济青年

【案例解读】

本案例中，“同济青年说”的选材覆盖范围广泛且典型，从接受国家助学反哺社会的助学成才服务对象到全国百名研究生党员标兵，从青海选调生到“帅哥学霸”，从国家奖学金获奖学生代表到中国年纪最小维和战士，从 RoboCup 机器人世界杯中国赛两冠一奖团队到素有设计界“奥斯卡”之称的德国红点概念奖、至尊奖获得者，“同济青年说”系列内容既贴近同济学生生活，又富有一定的深刻意义，是学生喜闻乐见且富有教育内涵的网络思政内容。

1. 工作难点

（1）内容选择

每一期“同济青年说”需要选择确定最合适的内容，这其中包含两个方面：人物选择和主题选择。

人物选择方面，最初在该板块的构想中即提到要选择具有代表性的同济学生群体，那么“代表”一词又该怎样解释？第一，人物要具有青年的榜样性作用，足够优秀拔尖。对人物的选择即代表着一定的教育导向性，通过这位青年要向大家传递出一种正能量，提供给学生一定的人生智慧启示。第二，人物身上的代表性不应该仅仅拘泥于学业方面的“优秀”，毕竟这样的同学在同济校园里并不是少数，我们想要展示出的是每一个青年人身上不一样的闪光点和特性。第三，人物应具有可挖掘的特点和故事，有故事才能吸引关注。最后，还需要被选择的同学愿意积极地进行分享。在这样的条件下，人物选择就存在一定难度。

在主题选择方面，主题的确定要依据采访同学的切身感受，在对采访对象进行了较为深入的了解后才能选择出最为合适的主题，既要凸显出人物身上的特质，又要能够引起普遍兴趣。根据目前的经验来看，由于每一位被采访者都会传达出很多信息，可供选择展示的方面多且杂，撰稿的同学也会存在着一定的困惑。如何选择最佳主题，还需要不断实践与感悟。

（2）撰稿过程

在“同济青年说”系列推送制作过程中，撰稿是最为艰巨的一项任务。从主题选择到标题、小标题的确定，再到文字内容叙述，都需要撰稿者投入充分的精力和情感。如何做到既生动富有感染力，又能传达出想要表达的教育意义，这其中需要一定的文字功底、逻辑思维，也需要感情的充分投入，真正走进被采访的优秀青年的故事和心境，去讲述他们的精彩成长经历。

而目前，撰稿也是进行得最为艰难的一个环节，小标题间缺乏逻辑贯通、文字生硬晦涩、没有突出的中心语句……新媒体成员们还面临着较大的挑战。重复的修改过程也使得推送制作的速度变缓、效率降低，耗费大量精力。

（3）团队配合

由于该板块内容较复杂、任务较艰巨，所以我们以小组为单位完成任务，轮流交替进行，这也能在一定程度上减小成员们的压力。每个团队三人进行内部分工，由小组长带领完成任务。如何进行组内分工显得尤为重要，之所以说重要，是因为这既要考虑充分发挥组员的优势，也需要考虑大家的时间问题。想要高效完成任务，需要每一个组员的认真投入，按时间要求及时保质完成自己的任务，要有较高的团队意识和主观能动性，而不仅仅是依靠小组长来推进。从目前的实践结果来看，各组的进展状况不一，团队内部的默契配合程度还有待提高。

2. 具体措施

（1）注重采访对象资源的积累，在平常的学习工作中，接触更多优秀青年，这也是团队成员自我成长的机会。尽量扩大采访对象选择范围，不拘泥于成绩优异的唯一设限。关注每个同济青年身上不同的闪光点，通过“同济青年说”鼓励学生全面发展，拥有自己独立的个性，关注自身的发展价值，更要关注国家、社会的发展需求。

（2）从采访到撰稿，每个成员都要切身投入，认真聆听被采访者的故事，在自己被打动的状态下写出富含真情实感的文字，并将这份力量传递给更多的读者。在不断的练习中逐渐掌握人物专访文稿的撰写方法和技巧，把握主旨，注重标题间的逻辑联系，注重内容对标题的支撑与内容间的逻辑联系。同时，也要争取在形式内容方面有更多的创意，针对公众号读者普遍的“快速阅读”习惯有所改进与完善。

（3）团队内部制订较为严格的时间计划，保持成员之间的信息互通，督促学生按时完成任务，小组间轮流交替，提高整体工作效率。定期开展交流会议，各小组分享经验或提出所面临的困难，共同解决，一同努力，有所进步，增强团队凝聚力。

3. 对策、建议及反思

“同济青年说”在“学生喜闻乐见”与“富有教育内涵”之间找到了恰当的平衡点，推送内容紧密贴合主旨，利用“同济大学生”微信公众号，起到了在学生群体中的传播与教育作用。从目前的情况来看，我们初步达成了“同济青年说”系列的设计目标，在学生间引起了一定的反响。而在之后系列的推进过程中，将尝试选用更多维的角度、更生动的形式，探索学生喜闻乐见，又富有教育内涵的网络思政内容。

（蒋哲宇　学生处）

从“指尖”到“心尖”
——如何打造受学生欢迎的党建慕课平台

【案例介绍】

在新媒体时代下，当代大学生的学习习惯和认知方式发生了巨大改变，传统的理论学习已经不能满足同学们的知识需求。在这种情况下，同济大学学生党建慕课平台应运而生，通过将“互联网 +”思维与传统党建工作相融合，打造一批有颜值、有温度、滴灌式、入脑走心的党建慕课，让思政教育从学生们的“指尖”到“心尖”。2019 年“学思 • 知行”学生党建慕课平台已形成“入党启蒙教育微党课”“青年党员讲党课”“党员 TALK”三个模块，共 16 个微党课视频。这些同济大学师生原创微党课，既有重温同济人与祖国同呼吸、共命运的感人故事，也有生动的身边人、身边事；既有学习新思想的内容，也有入党流程等规范，使用动画制作、绿幕合成、虚拟场景、数字影像等多种技术，让理论学习和思政教育更加生动，更加贴近学生。

【关键词】“互联网 +”学生党建工作，微党课，党建慕课平台

【案例解读】

面对新形势下学生党建工作的复杂情况和难点问题，同济大学围绕“学生党建”和“慕课”两个关键词，构建起高校学生党建慕课平台，拓宽高校学生党建工作的渠道和阵地。通过挖掘优质党建慕课资源、组建慕课内容研发团队、构建慕课平台可持续孵化机制，构建以学生为中心、以互动为导向的全过程、多层次新型学生党建工作载体，打造一批有颜值、有温度、滴灌式、入脑走心的党建慕课。

1. 工作难点

（1）大学生入党积极性有待提高

一是随着网络意识形态领域的话语权争夺日趋激烈，各种西方势力通过网络媒体对当代大学生进行意识形态渗透。受拜金主义、享乐主义、极端个人主义等消极思想影响，部分大学生入党积极性不强，入党观念淡薄。

二是部分高校学生在认识上对理论学习不够重视，自觉学习的意识不强，造成入党积极性不高。此外，严格的考察、高要求的培养，使部分意志不坚定的学生对加入党组织望

而却步。

三是部分高校的党建工作开展形式忽视了青年大学生的个性和心理特征，使学生处于被动参与、被动学习、被动接受的状态。部分大学生主动参与党课学习的热情不高，甚至产生抵触情绪，学生对党缺乏真正的认识，影响入党意愿。

（2）学生党员先锋示范作用发挥不足

一方面，高校学生党支部中普遍存在着“重入党前的发展，轻入党后的教育”现象，部分学生党员在转正以后，由于学习和生活自由散漫，思想和行动上的自我放松，组织观念淡薄，严重影响了党员的先锋模范作用发挥。

另一方面，高校学生党建工作缺少发挥学生党员先锋模范、示范引领作用的平台，对先进典型的挖掘、宣传力度不够，没有形成引导学生发挥党员先锋示范作用的创新机制。

（3）党员教育不够入脑入心

现今，随着学生的学习习惯和认知方式发生巨大转变，传统的理论学习和组织生活形式已经不能满足当代大学生的需求。不少辅导员感觉“党员教育方式与青年脱节”，以往站在讲台上讲述党史的方式陈旧，入眼入耳易，而入脑入心难。传统党课或是讲大道理多、触及现实问题少；或是照本宣科简单灌输、创造性的转化创新少，教育的内容和形式不吸引人；或是不分层次、不分专业、不分对象，搞“一刀切”“一锅煮”，导致学生“听不进去”“看不下去”“不感兴趣”“不愿参加”，教育效果收效不大，甚至有形无实、有花无果。

2. 具体措施

（1）围绕党员发展，打造全过程、多层次培养体系

从大学生的认知规律出发，围绕党员发展各个阶段，打造贯穿大学生入党启蒙教育、入党积极分子培养教育及学生党员教育环节，实现自我学习、实践应用、服务朋辈功能三位一体的全过程、多层次培养体系。

一是在入党启蒙教育阶段，抓准时机，设计针对新生的入党启蒙教育系列微党课，从思想教育层面、文化教育层面、入党程序层面、行为标准层面，理清入党启蒙教育内容，吸引更多优秀大学生加深对党的认识，积极向党组织靠拢。

二是在入党积极分子培养教育阶段，增强朋辈互动，鼓励学生党员制作微党课，开展微党课比赛，支持学生党员围绕学习主题，以时政解读、思政讲坛、文化讲坛、诗词朗诵、案例分享、故事讲述等体裁，采取录制演讲、制作视频等形式进行微党课制作。从中选拔内容以小见大、见微知著、生动鲜活、寓意深刻，切实感染和鼓舞青年的优秀作品纳入慕课平台，实现全校各学院开展入党积极分子教育的资源共享。

三是在学生党员培养教育阶段，充分发挥新时代学生党员的先锋模范作用，以学生党员的率先垂范促学生党员的形象提升，依托线上慕课，倾力打造“党员 TALK”微课品牌。

采用现场录制的方式，邀请优秀学生党员讲述“身边人”“身边事”，用真实、感人的平凡小事带给学生启发，引发学生共鸣，让同学们以“平视”的角度倾听党员所思所想。

（2）强化课程研发，打磨高质量、高颜值微党课

一是建设结构合理的慕课平台研发团队。根据平台建设需要，在校内选拔具有研究专长的教师及辅导员，并邀请校外专家参与平台搭建和课程设计，以专业多样化、年龄层次化、构成有梯度、团队发展可持续为原则组建实践创新团队。主要成员包括：马克思主义学院、艺术与传媒学院专家 2 名，参与慕课内容和艺术表现指导；资深辅导员 5 名，包括副教授 2 名，参与慕课内容指导；一线辅导员 5 名，学科交叉、能力互补，并有稳定的研究方向和较高的创新能力，参与慕课实施；依托同济大学时代声音传播社、理论社团等学生团队，全面参与课程平台建设，共同开展教学实践。

二是结合社会热点，糅合校园文化与历史，丰富课程内容。打造一批既高大上又接地气，有虚有实、有棱有角、有情有义、有滋有味的微党课，让理论学习和思政教育不再枯燥乏味，有力提升党员理想信念教育的感染力和影响力。

（3）重视平台建设，形成持续化、稳定化发展机制

形成稳定的慕课平台成果孵化机制，充分调动教师和学生积极性，发挥基层党支部力量。通过搭建慕课平台，构建成熟、完备的精选、创新、完善全过程孵化课程机制，依托专业师资团队和稳定的经费、政策支持，鼓励基层党支部申报课题、参与研究探索、创新党课形式、丰富展示内容，过程中组织考核与加强培训，保障源源不断的优秀作品纳入慕课平台，供全校学生学习。

一是设立党建专项，打通课程入口。发布学生党支部“对标争先”建设、“三型”学生党支部建设等项目，专项设立“微党课”申报通道，给予项目经费支持。通过自由申报和委托申报两种方式，鼓励学院和学生党支部制作微党课，充分挖掘艺术与传媒学院、马克思主义学院等学科优势，整合校内外资源。

二是跟踪课程打磨，打造精品课程包。遴选主题突出、形式新颖的微党课专题项目，由慕课平台研发团队从学校课程顶层设计切入，跟进指导，校院两级创新协同，做好课程设计，积极打造慕课系列精品课程包，不断丰富慕课平台的课程体系。

三是关注课程反馈，及时衡量课程实效。建立学生党建慕课反馈渠道，由慕课平台研发运营团队负责制作课程反馈问卷，针对不同课程、不同人群设计问卷，及时收集课程反馈，做好反馈分析，从教师、学生等多角度全面、客观地考核课程实效，为下一步课程优化提供切实可依的具体参考。

3. 对策、建议及反思

（1）浇花浇根，育人育心。亲之近之，方能信之爱之。要让青年学生亲近党，就要向他们展示党的先进性，使他们从思想意识深处自觉自愿地加入中国共产党。我们只有把党

的奋斗历程、优秀党员的故事，用青年学生喜爱的方式讲清楚、讲透彻，他们才能了解党、理解党、相信党。而当理想信念扎牢于他们的内心时，他们就自然坚定了永远跟党走的决心。

（2）顺势而为，不忘初心。针对新媒体时代下高校学生党建工作面临的挑战，我们要顺势而为，将思想主导与内容多元紧密结合、数字技术与人文关怀紧密结合、传统工作与新媒体技术紧密结合，创新工作理念、创新工作内容和方法，以及创新高校学生党建工作机制和平台。同时，要回归到建设学生党建慕课平台的初衷，重视挖掘，深入引导大学生在制作、学习微党课的过程中，深入思考理想信念的内涵；在设计、讲授微党课的实践中，加强理论联系实际，实现知行合一；在完善、推广微党课的服务过程中，发挥朋辈教育的力量，有效引导学生坚定理想信念。

（王宁　学生处）

引领主流价值导向，涵育网络思政精品

——如何打造一个优质的院级微信公众号平台

【案例介绍】

进入新媒体时代后，随着QQ、微博、微信日显风采，校园媒体也进入了新媒体时代，应运而生的微信公众号在校园的日常工作、宣传教育、沟通交流、生活服务等方面成为最重要的传播途径之一。机械与能源工程学院微信公众号平台于2015年启动，主要用于发布教务信息、活动通知和新闻。2016年改版推出平台2.0版，内容增加了价值输出，推出了主题节日、毕业季和社会主义核心价值观等系列推送。但是随后，学院微信公众号平台陷入困境，关注人数虽仍有上升，但每篇推文的关注量和转发量不大，公众号逐渐沦为学院通知的手机移动版。如何利用新媒体平台，结合日常学生工作，引领学生树立正确的人生观、世界观和价值观是一个重要议题。同时，随着公众号的迅速普及与发展，学生对于学院官方微信公众号的关注度下降。如何在众多公众号平台中脱颖而出，成功抓住学生的眼球，将思想政治教育融入其中，树立平台自己的品牌和特色是我们值得思考的问题。

【关键词】微信公众号，院级新媒体平台，品牌特色

【案例解读】

本案例中提及的微信公众号平台是学院层面的新媒体平台，由学院党委领导、专职辅导员老师指导，依托学生媒体中心进行平台管理。平台受众对象是全院教职工、学生、院友、家长等，范围较为稳定，用户忠实度较高。用户增长时段也较为固定，一般为新生入学前后。但内容选择上相对受限，容易引起用户的黏性下降。如何打造一个优质的院级微信公众号平台值得我们深入思考和探索。

1. 工作难点

（1）作为学院官方平台，微信公众号必然承担着主流意识形态工作和思想价值引领作用，部分内容容易引起用户的选择性忽视和天然反感。因此，对于推送内容的把握，如何找准内容角度、解析程度的切入点成为吸引用户非常重要的环节。如何将内容的时代性与用户的贴近性相统一，即如何把政治性高、时代感强的富有教育意义的内容融入生活的碎片化叙事中，成为新媒体平台工作的难点。

（2）新媒体是一个突破地域、业界和层级的载体，当下院级微信公众号作为一个学院平台其实是在与各类商业、非营利性平台等各类新媒体平台同台竞争。学院新媒体平台欲受学生欢迎，传播话语形式的选择尤为关键。如何将思想政治内容转化为受学生欢迎的语言形式，如何创新平台传播手段，如何正确使用贴近生活的语言风格成为构建受学生欢迎的新媒体平台至关重要的环节。

（3）作为一个新媒体平台，加强平台队伍建设成为保证日常运营的核心基础。探索一套有效的、科学的、系统的运营机制，培育一支政治素质高、新闻敏感度好、专业技能强的小编团队成为工作难点。如何进行前期策划、中期采编和后期审核的高效衔接，如何激发小编团队凝聚力，如何激励小编个人工作积极性都成为重要突破口。

2. 具体措施

（1）找准内容切入。调查数据显示，学生们在新媒体上经常谈论的话题热度从高到低依次是：兴趣爱好、社会热点、校园生活、情感体验、教育学习、人生意义等内容。我们优选学生们经常谈论的话题热点为切入点，整合学校历史、文化活动、师生典型等传统思想政治教育内容。切忌宏大叙事，应把主流价值观输出生活碎片化，比如学院尝试将传统节日与食物相结合，以吃货人设进行传统文化内容宣传；将学术诚信与热点负面事件相联系，以舆论热点切入吸引学生等方式都受到了良好的用户反馈。再者，学院新媒体平台增设了办事流程、班车预定等校园服务性内容，对增强用户黏性起到了非常明显的促进作用。

（2）转换话语形式。新媒体平台已经从文字时代、图文时代进阶到了长图和视频时代。我们可以积极采用视频、微电影、动漫、h5 等表现形式，以创意剪辑、轻松娱乐的形式表达。适当使用网络流行语言，标题嵌入最新网络热词，正文借鉴碎片化形式，以简短精练的方式表达。同时尽量采用贴近学生生活的语言风格，将传统方式表达的距离感消解掉，让用户觉得“接地气”。例如：学院之前在重大会议节点的热议推送常常被用户冷落，两会期间尝试将两会热点内容和学生热议以说唱的形式拍成短视频，取名“两会 freestyle”，得到了良好的反馈。

（3）加强队伍建设。一是组建学生组织。学院在原记者团基础上设立 ME 学生媒体中心，平台采用老师指导把关，学生自主运营的管理方式，培养了一支“采－编－拍”全能型小编团队。团队分工明确，由老师把关选题策划，小组开展内容制作，专人负责统筹审稿，老师最终审核发送。平时实施例会制度、技能培训和团队凝聚力建设。对小编实行按劳按绩酬金激励机制，鼓励大家策划制作高质量和高阅读量的推送。二是整合学院资源。发展学院各部门、各研究所老师形成新媒体平台联系人小组，向平台提供部门信息、学术报告和行业前沿等内容。同时，平台整合其他微信平台，比如心理协会、职业协会、学生会、研究生会等，这有利于提升内容的丰富多样性。

（4）树立平台品牌。2019 年平台 3.0 改版推出，内容呈现出价值引领的体系化，栏目巧妙嵌入学院名称，形成“机域能才”“机智能手”“机发能量”三大栏目。其中，“机域能才”栏目分别以“德智体美劳”为核心形成五个系列推送专题：“追光者”系列以 V-LOG 和图文相结合为特色采访典型人物，聚焦思想德育和价值引领；“ME 论坛”系列以海报和图文形式提供讲座报告信息，聚焦学术研究和思维拓展；“济动跑”系列以线上打卡、线下运动方式激励师生参与每月跑步周，聚焦体育锻炼和身心健康；“东方韵”系列以图片和动图形式展现二十四节气和传统节日，聚焦传统文化和人文关怀；“践行者”系列则以线上线下联动模式，聚焦社会实践和志愿服务。此外，我们专门设计了平台 LOGO 和二维码定制图案，用户会形成审美惯性，在潜移默化中强化我院平台品牌形象。

3. 对策、建议及反思

（1）新媒体时代，大学生思想政治教育平台从传统课堂和传统媒介拓展到了新媒体平台。新媒体平台有着全时空、全员性育人的优势，但它不能代替传统渠道的思想政治教育，我们应该正确看待两者的关系。当下，我们在拓展新媒体开展思想政治教育的同时，不能忽视加强和改进传统思想政治教育平台，让各种渠道相互补充、相互配合，形成全渠道思想政治教育合力。

（2）新媒体平台有很多种，本案例仅挑选了学院微信平台作为典型实例阐释。当下流行的还有直播平台、短视频平台等，今后可能会出现更多的载体运用于思想政治教育。因此，我们作为教育者应时刻保持时代敏感性，跟上时代步伐，才能在当下更精细地做好学生思想政治教育工作。但无论形式和平台如何变化，“内容为王”都是以不变应万变的真理。

（石婧　机械与能源工程学院）

运用新媒体传播规律，筑牢网络思想引领阵地

——如何打造学生喜欢的新媒体平台

【案例介绍】

同济大学电子与信息工程学院为了有效开展网络思政教育工作，2015 年创建了学院思政教育微信公众号“同济电信”。平台最初主要以学生活动总结、工作通知等文字内容为主，事务性信息占比颇高，对社会热点信息的深度解析涉及较少。创建第一年，平台推文最高阅读量仅 200 余次，粉丝数波动明显。2016 年末，在辅导员老师“有效运用新媒体传播规律”的指导下，平台启动全面改版。组建多级团队，联动学生、教师、校友等育人资源，率先推出“E・榜样”“E・师说”“E・友言”等品牌访谈栏目，阅读量均单篇破千。2018 年起再次创新，引入“原创 E・科普”专栏，经过学生调研后增加多元传播形式，设立了“电信金城武”“电信 E 分钟”等视频类专栏，加强专业舆论引领。2019 年起，运营团队充分利用学科优势，结合社会热点开展多种形式传播引领：开发微信小游戏，助力垃圾分类；创作重力互动全景 H5，庆祝中华人民共和国成立 70 周年。截至 2019 年，平台发表图文消息 800 余篇，累计关注人数近 7000 人，2019 年平均阅读量可达 900 余次，仅当年已收获 8 项市级奖励，受到广泛关注。

【关键词】院级思政公众号，网络思政，平台运营策略

【案例解读】

随着互联网的高速发展，学生生活重心偏移，以微信公众号为代表的新媒体平台是开展网络思政工作的主要阵地。在该案例中，院系努力占领新媒体的思政教育高地，创建公众号顺应了当下思政教育新要求。但最初运行机制的松垮、推送内容的单调、推送技巧的匮乏，使得公众号的教育效果不尽如人意。经过调整后，平台运营策略得到有效提升，能够及时掌握学生网络思想动态，逐渐熟练运用新媒体运营策略，进而打造一个学生喜欢、善于引领的优秀院级思政公众号。

1. 工作难点

（1）大学生网络素养参差不齐，急需统一引导。学生的思想行为也在不知不觉间深受各类新媒体的影响，部分学生经常参与转发社会媒体打造的热点信息，时有未加分析和思

考的跟风转发行为。还有一些同学沉迷于社会媒体的八卦新闻和低俗信息，对当下国家时事和世界变革不闻不问。不可否认，学生通过社会新媒体关注的信息繁杂，对其个人价值观、世界观的构建颇有影响。

（2）带教老师需要熟悉学生群体特点，并据此规划新媒体平台。作为互联网下的原住民，新一代大学生亲历移动互联网和内容大爆发。以 00 后为代表的大学生更倾向于参与社会化议题，单纯的校园活动新闻并不能吸引他们的注意力。他们接受新鲜事物的能力更强，文件纲领等传统的填鸭式教育内容根本无法吸引他们。他们习惯于向知乎、百度等新媒体寻求帮助，依赖新媒体解决学习、生活中遇到的困难和问题。

（3）运营团队需要了解新媒体，才能玩转新媒体。微信公众号最突出的特点是文图、音视频、h5 页面等融为一体，前沿科技与信息类学生专业紧密相关。因此，信息类学院的思政教育公众号如何灵活运用学生团队的专业优势，打造具有正确价值引领的“有趣平台”，对于平台发展既是机遇，也是挑战。

2. 具体措施

新媒体平台的内容输出同样也是一种传播过程，传统的传播学原理仍部分适用于新媒体环境下的传播运行。基于传播学 5W 原理，借助“同济电信”公众号，从传播主体、传播形式、内容创造和互动反馈进行策略研究，取得案例成效。

（1）传播团队凝聚教师、学生、粉丝多方力量。随着技术性的增强，老一辈思政工作者对新技术接受较慢，而年轻人的思想认知有待加强，因此，建议实行校院领导、辅导员负责思想引领、学生团体负责实践运作的二级管理模式。辅导员指导学生策划微信主题，培养学生创新能力，联动在校生、校友和教师等多方育人资源，有效引领思想。同时，新媒体的双向传播功能为传统的“单向输出”思政教育注入活力，平台更应注重受者与传者的转化，以科普文积极向学生粉丝约稿，扩大平台运作团队。

（2）传播形式注重多样化。针对学生容易跟风社会化媒体的问题，平台主基调注重大格局，灵活运用新媒体形式。我们没有办法掌控所有自媒体账号，但我们可以尝试构建一个值得学生信服、依赖的公众号。把握舆论动态，及时发声，不给企图对学生进行负面渗透的公众号任何颠倒黑白的机会。提升原创内容比例，注重议程设置，在纷繁复杂的网络信息中吸引学生注意力。结合信息类学科特点，优化思政微信平台传播形式，以微视频系列专栏、原创编程小程序和自主设计 h5 页面等全新形态进行传播。

（3）内容输出注重传播策略。移情主要体现在对学生生活思维方式感知、认识，了解学生内心情感和阅读期待，从而在内容策划上有所规划，比如，结合嘉定校区学生夜跑安全问题推出校园夜跑攻略等。而二度编码就是编辑处于原始环境的文件，再转换到学生思想环境，以更贴近生活、亲民的语言传递给学生，适用于文件解析类、党政性较强的讯息，如将两会构成和计算机各部分类比介绍等。

（4）传播过程注重互动。传播过程的互动往往会进一步改善传播效果，当粉丝达到5000人左右，即可以考虑借助微信公众号小程序、活动帖等打造线上线下思政教育主题实践活动，形成良性互动，比如设计诚信教育主题徽章，通过参与互动发放。同时，熟练运用公众号各项后台功能，借助关键字回复功能优化学生服务渠道，将办事流程、各类班车信息置于后台，并及时回复后台留言，切合学生日常生活，无形中锁定了粉丝群。

3. 对策、建议及反思

（1）全面掌握学生网络动态思想，紧跟新媒体产品的做法。即刻信息和深度解析，这一对看起来较为矛盾的传播内容，却是平台推广的两个着力点。辅导员只有愿意接触新媒体，才能挖掘其中的运作规律。

（2）注意掌握运用传播策略的度，既做到符合学生喜好，又不失教育底线。移情手法并非要求无条件顺应学生喜好，而是要注重以灵活的手法、恰当的角度输出思政教育信息。

（王凯文　电子与信息工程学院）

兴趣驱动，科学管理，高效运营
——如何建设一支高效有力的新媒体团队

【案例介绍】

土木工程学院学生新媒体团队现有成员 20 人，分为新闻采编组、网站编辑组、微信编辑组及办公室四个部门。该团队由学院党委领导，网络辅导员指导，团队成员由大一、大二各团支部宣传委员组成，负责学院公众号“同济土木未之加油站”和土木工程学院官网的信息发布，主要负责宣传党团思想，结合学院学生工作开展网络思政教育。

然而不久，公众号的推送出现了拖沓、不及时的问题，稿件内容质量也出现了一定程度的下滑。除此之外，大大小小的错误出现率开始变高。在稿件的审核过程之中，能经常发现错别字、排版重复等低级错误，更有甚者对党团的一些重要概念理解不当，表述出现偏差。为此，我们特意找了几位学生负责人谈话。他们表示，“最近学业压力大，导致对待工作不够认真，而且长期做一项工作，新鲜感逐渐退却，思想上出现了懈怠，最重要的是，同学们感觉在媒体中心的工作是被动接受式的，不是主动发挥式的，缺乏成就感，有些成员正在考虑退出团队”。面对这样的回答，作为指导老师，我们必须深思。

【关键词】新媒体团队建设，运营与管理

【案例解读】

本案例中，公众号推送近期出现的种种问题，表面上是运营团队的媒介素养水平不足，更深层次的原因是新媒体团队的人员结构不合理，运营不够高效，包括团队成分单一，分工与合作不够明确，团队成员缺乏获得感，对学生的能力提升及个人发展关注较少，导致他们发挥主观能动性不够，缺少精神凝聚力，不能持续高效地运营。

1. 工作难点

（1）成员结构单一且基础素养不高。目前土木工程学院媒体中心成员均为土木工程专业大一、大二的宣传委员，年龄、经验及专业背景类似，成员之间缺少性格和能力的互补，影响了学生媒体中心的凝聚力。而新媒体运营团队涉及文字、摄影、编辑、排版等相关工作，对运营者技术熟练度、审美能力等有较高要求，而土木工程专业的同学恰恰在审美、表达、编排等方面基础素养不高，所以许多新媒体推送达不到让接收人群满意的水平。

（2）课业压力大影响工作积极性。土木工程专业课程难、作业多，竞争压力大，这导致媒体中心团队成员在工作时不够专注。一旦学业和学生工作时间发生冲突，他们缺少有效的缓冲措施，导致部分推送质量下滑。

（3）分工合作机制不够灵活。新媒体团队在工作中，既要涉及团队成员的分工，又需要成员相互之间的合作。目前的运营中由于文字、摄影和编排工作分别由不同部门独立完成，而这种分散的流水作业做出的推送作品往往也缺乏生动性，所以无法激发读者的兴趣。

2. 具体措施

（1）兴趣驱动，优化人员结构。首先，团队成员须保证对于网络媒体工作具有相当的兴趣。以往的团队成员仅为宣传委员，而其中并不一定所有人都对新媒体工作抱有热情。因此首先应面向全学院广泛招募新媒体运营的爱好者，优化人员结构。除此以外，目前的组织架构包含摄影、文字、排版、编辑等小组，这样的架构确实有利于团队成员的扁平化分工，但是考虑到一篇原创的优质推送，从选题、文案写作、摄影到后期编排，这其中需要有一个核心负责人来统领。因此可以由办公室牵头组建临时作品小组，一个作品结束以后工作小组即可解散。该模式具有较大的灵活性，也有利于加强各部门之间的协作，提高效率。

（2）加强技能培训与能力开发。一方面，要开展定期培训，通过定期的培训，可以让团队人员的新媒体专业素养不断得到提升，同时，团队价值观以及团队所秉承的理念方面的培训，也可以使成员增强对新媒体运营团队的认同感和忠诚度，便于日后工作的顺利开展。另一方面，也要引导团队成员自我提升与学习，学习的形式可以是给每位成员规定一定量的阅读任务或者观看一定量的学习视频。例如，新闻采编组的成员每个月须阅读完一本文案写作、文案策划、创意营销等方面的书，并在阅读完成以后提交一篇读书报告，也可以向同行学习，通过关注大数据微信公众号榜单，让成员对优秀公众号进行研究和讨论，并将所学经验运用于自身公众号。实行培训后，团队成员表示在新媒体作品的创作及编排过程中效率得到明显提高。

（3）明确绩效考核及奖惩机制。通过制作量化考核标准，将新媒体团队的工作进行细化，确定评价指标和权重，合理分工，激励团队成员在学习之余提高对新媒体工作的成效。量化指标可以包括微信推文的标题写作、内容编辑和排版、配图和色彩的搭配等显性要素，也应考虑新媒体团队人员例会的出勤率、工作的积极性、完成工作的及时性、对团队发展建言献策等隐性因素。绩效考核的确立鼓励了团队中积极贡献的成员，也在一定程度上治理了周期性出现的松懈风气。

（4）科学设立运营团队人员的退出机制。由于学生在学校的主要任务是学习，尤其在工科学院，学生学业压力较大。当学生的学习与新媒体团队运营发生冲突时，应当以学生的学习为重，让学生可以自由灵活地退出新媒体运营团队。但是为了保证团队运营的连贯性，应提前明确人员退出的方法与流程，如提前多久申请、如何做好交接、解除相关权限、办理退出手续等。整体而言，退出机制既要让成员可以灵活地自由退出，又能保证整个团队运营的连贯性。

3. 对策、建议及反思

当今高校的教育教学宣传及思想引领等工作都需要新媒体平台的支持，以更好地扩大宣传与号召的效果。因此，采用合理的方法，强化新媒体运营学生团队的建设至关重要。学生团队因其学业及工作的平衡关系而需要在管理及工作分配上把握尺度，高校新媒体的平台也须在运营中兼顾对学生团队的教育培养及工作贡献的复合目标。今后，“同济土木未之加油站”将继续尝试选用学科背景更丰富的成员，提高培训与开发的效果，探索更为有效的管理模式，建设一支既高效有力，又能助力学生成长成才的新媒体运营团队。

（张雨彤　土木工程学院）

化零为整强音出击，化整为零精准施技

——如何结合网络思政做好新生适应性教育

【案例介绍】

某学院辅导员在依据往年惯例组织开展新生教育过程中发现，00 后本科新生普遍表现出对主题教育类型的活动热情不高、对统一行动和集体活动不积极、对传统信息传递渠道响应不及时、对移动互联网媒介充满兴趣等特点。不同的学生个体也因生源类型多样、成长环境各异、信息来源渠道不同等因素，较往届学生在思维方式的不一致、行为模式的多样化、沟通表达的主动性差异等方面表现得更加显著。整体特点的变化和个体化差异的加剧使得辅导员经过工作积累形成的统筹把握主线与精准教育引导之间的平衡被迅速打破。同时，差异化的授课方式与学习形式、生活方式与社交模式、主修专业方向未明确的选择压力、生涯规划萌芽阶段的纠结与迷茫、充斥四周难以甄别的信息、学生群体的对比落差等共性问题让新生在大学初期感到不知所措，这也给辅导员的思政教育工作带来了影响。

基于上述情况，该学院积极行动，顺应时代特点，结合网络思政做好新生适应性教育工作。通过打造点面结合的网络思政平台矩阵、组织建立网络思政育人队伍、瞄准学生网络环境的需求痛点、开发具有针对性的网络思政栏目，以微信公众号为核心阵地、以短视频和兴趣部落等为拓展平台、以学生全媒体中心和宣传委员为核心队伍、以专业教师和优秀朋辈为协同力量，将全覆盖教育与精准指导结合，积极引导新生适应大学生活、发现自我特长、明确成长方向、树立远大理想，建立渠道贯通、精准高效的新生适应性教育机制，打好思政教育的组合拳。

【关键词】网络思政，00 后本科新生，新生适应教育

【案例解读】

本案例着重聚焦于 00 后新生群体，提出结合网络思政做好新生适应性教育的新思路。00 后新生成长于信息时代，受益于信息时代，也在一定程度上因信息时代的杂乱信息影响了客观分析能力和独立思辨。他们有着比 90 后更强烈的自我意识、更独立的自我认识、更外化的表达方式。随着新一代青年的成长，既往的新生适应性教育工作模式需要在面上统筹把握主线和个体精准教育引导之间找到新的平衡。面向 00 后的网络思政和新生适应性教育工作也需要随之更新，需要以更贴近 00 后学生成长经历和语言体系的方式，以不同的传

播媒介、多样的呈现方式，让每一个学生都能在自己习惯或喜爱的平台中，在自己感兴趣的内容里持续、稳定地获取到我们传递的信号，让新生适应性教育更加灵活，让正能量浸润学生于无形之中。

1. 工作难点

（1）网络平台“多”

00后新生习惯使用的互联网平台形式多样、种类繁多，包括但不限于聊天软件、短视频平台、兴趣部落、生活方式交流平台等，学生的注意力不再集中于单一的平台，而是在跨平台间呈现出大集中、小分散的特点。我们需要思考如何在如此繁多的各类网络平台中占领主阵地、如何整合跨平台的核心吸引力，从而抓住学生的眼球、吸引他们的注意力，保证学生对我们开设的网络思政平台保持长期、稳定的关注。

（2）干扰信息“杂”

现如今，不同类型的网络平台会从它们的视角传递出不同的论调，给学生的思考和判断带来一定程度的干扰，我们如果维持传统的单一出口发声，就很难在信息爆炸的互联网中突出重围并占据一席之地。因此，我们需要思考如何影响并调动各类平台中众多参与者的发声力量,让我们发出声音的强度和渗透力因群体效应而得到指数级增长,取得工作实效。

（3）流量冲刷“快”

我们常常发现，一篇微信推送的文章如果没有大量的转发很快就会淹没在朋友圈的信息流中，无法达到工作设计的预期效果，网络信息的高速传输速率也意味着旧的消息很容易被新的消息冲刷。我们结合网络思政开展新生适应性教育工作，需要思考我们的学生入眼是否入脑、入脑是否入心，更需要思考我们如何引起共鸣、制造流量并通过流量和数据得到准确的反馈，避免出现“老师搞得热闹、学生视若无睹”的情况，从而可持续地提升工作质量。

2. 具体措施

（1）汇聚平台，分层架构

打破繁多网络平台之间的交互壁垒，通过打造多层次、多维度结合的网络思政教育平台矩阵，将繁多的平台化为有机整体，形成完整的网络育人空间。基于学生对官方信息的依赖、对集体情感的需要和对优秀前辈的信任与崇拜，建立学院层面、班级层面、学生大V号等多个平台出口，例如：以学院/学堂层面微信公众号作为核心平台占领思想阵地，通过建设班级公众号/微博号增强集体凝聚力建设，通过网络辅导员个人短视频平台打造贴近学生的互动交流空间,联动专业教师个人媒体平台发出具有融合学术理论的思政观点，发动学生骨干的个人社交平台形成良好的朋辈影响力。设计点面结合、各有侧重、互为补充、环环相扣的跨平台联动体系，将主题教育、思想引领和朋辈教育融为一体，引领学生树立正确的价值观和远大的理想信念，尽快融入大学生活。

（2）以疏代堵，分类设计

根据期望理论的启示，可以充分把握杂乱信息的内在联系，化杂乱为有序。可聚焦学生诉求、厘清核心导向、开设系列专栏，通过抓住学生痛点形成有效吸引力。以新生院“济美学堂”为例，通过开设“济美闻说”栏目分享相关学院的专业之美和相关领域专家学者的科研之美，打造良好学术氛围，引导新生更好地认识并规划未来发展方向；通过开设“济美解忧铺”栏目打造心理小课堂，引导新生发现自我、悦纳自我，学会以科学的思维和方式进行自我疏导；开设“济美青年谈”栏目树立朋辈榜样力量，以青年之声引领青年成长，激励新生树立远大理想；通过开设“济美云课堂”栏目开展具有新生院特色的大类通识教育，拓宽学生视野，扩大学生知识面，缩小因成长经历不同而拉开的差距；同时通过打造线上互动活动，配合线下活动亮出平台声音，构建线上线下联动的第二课堂，增强平台在学生中的影响力。

（3）建栈设港，余音绕梁

基于吸引力法则，通过凝聚学生反抓网络流量，让学生骨干队伍成为信息在流量冲刷中停留的客栈。以新生院“济美学堂”为例，成立学生全媒体中心，通过设立学生主编、学生栏目负责人、学生小记者、班级宣传员等岗位组建专项工作组，调动成员的主观能动性，深入挖掘并分析学生诉求，通过他们掌握学生动态、聆听学生反响、扩大思政声音，让平台发声从学生中来，到学生中去，让这些宣传骨干成为信息快速冲刷过程中可以久久停泊、绕梁三日的港湾，使得平台发声的收效最大化。通过开展全媒体中心成员和宣传委员的培训和沙龙，打造可持续发展、适合传帮带的新生适应性教育工作队伍。

3. 对策、建议及反思

（1）进一步瞄“准”落“实”

目前，在工作开展过程中，部分栏目的文章阅读量、转帖量和热议程度相较预期有一定差距，我们对学生诉求的精准性把握、对话题的包装和打磨还需要进一步加强。在未来可以探索使用 vlog、svg 等互动模式，增强学生在媒体交互中的体验，让工作更符合甚至超越预期效果。

（2）进一步挖“深”析“细”

在现行模式下，由于学生工作队伍都是新生，结构单一，整个学年的前半个阶段，学生的桥梁纽带作用发挥不强，基本局限于完成常规性工作。我们需要充分思考如何快速培养他们的工作能力，快速进入工作状态，留住核心骨干，发挥对下一届新生的传帮带作用，形成可迭代、浸润式的协同模式。

（李文迪　新生院）

网红辅导员的工作秘籍
——如何选择与制作学生喜闻乐见又富有教育内涵的网络思政内容

【案例介绍】

辅导员曹老师坚持创新，关注时下00后的流行趋势，运用“融媒体”拉近与学生的距离，以解决学生实际问题为基本要求，以促进学生全面发展为目标。在当今网络时代，将学生工作和网络平台相结合，创新开设了辅导员电台和微信公众号。

曹老师非常了解学生渴望得到指导又畏惧沟通的矛盾心理，也懂得当代大学生主体——00后面临的新问题。因此，他开放了个人微信公众号“曹老师不思议”，用文字与学生交流，文笔活泼轻快，字里行间溢满真诚，又分寸拿捏适度。通过微信公众号，他阐释的大量关于人生、学习、生活等话题的见解，激发学生对生活的观察与思考。如今，曹老师的个人公众号已经成为学生生活的一部分，拥有近10万名粉丝，每篇原创文章浏览量稳定在2万人次以上。

同时，他以声音为载体，录制电台节目，在阐述个人见解、充分发挥意见领袖作用的同时，积极与学生互动交流，并不断发掘学生中的典型模范，构筑良好的朋辈教育，极大地拉近了辅导员与学生的距离，实现与学生沟通的零死角覆盖。辅导员电台的上线受到了广大学生的一致好评，现在每期的收听量可达到20万次，已具有相当的影响力。

【关键词】辅导员电台，微信公众号，朋辈教育

【案例解读】

微信作为近年来兴起的众多网络新媒体中的一种，在受众和传播范围上都是其他新媒体所不能比拟的，作为高校思政工作创新载体，在群众基础上具有了一定的优势。本案例中，曹老师通过对微信这一大学生喜闻乐见的新媒体平台的运用，创立个人微信公众号，阐释了大量关于人生、学习、生活等话题的见解，激发学生对生活的观察与思考，学生们愿意向他敞开心扉，他透过文字指导00后学生做出正确的价值判断和价值选择，寓教于乐，引导学生成人成才。

1. 工作难点

（1）进入移动智能时代后，微信公众号、手机微博、视听电台App等移动网络终端都

受到大学生追捧。他们日复一日、年复一年地刷着手机，娱乐、学习、生活。曹老师关注到网络思政教育环境的变化，开设个人微信公众号和电台，顺应了时代的要求，打开思政传播的出口，并把时间和精力花费在创新思政传播内容方面上，做好“产品和服务”。他的公众号文笔活泼轻快，字里行间溢满真诚，又分寸拿捏适度，他的个人电台贴合学生兴趣爱好，广受欢迎。

（2）辅导员不仅要在学业上授业解惑，更要在学生即将步入社会前帮助他们找到自己的发展方向与目标，帮助他们实现思想的成熟与理性。曹老师作为年轻的“过来人”，从学校出发再回到学校，身份由“学长”变成老师。为了与学生近距离交流，及时且切实地了解他们的心声，他创立了与学生们之间沟通的“树洞”——个人微信公众号“曹老师不思议”，加深与学生之间的互动交流。

2. 具体措施

（1）开设心灵对话栏目，解决大学生心理困惑。当代大学生处于社会发展期与转型期，生活方式和思维习惯与父母、老师等长辈有较大的差异，由此带来的内心困惑在现实生活中无法得到宣泄与解决。高校思想教育工作者应有效地利用网络平台，根据学生上网寻求心灵放松的特点，在网上发布心灵鸡汤类的文章、积极向上的励志电影、高雅的音乐或其他健康的视听信息。曹老师的“大森电台”就是以这种方式，每周定期通过音频与学子们进行另一种交流，一个声音去传递内容，收获各种各样的评论反馈。小小的声音世界中也存在能量的传递，有不一样的人生经验与感悟。

（2）构建网络思政教育平台。现阶段，高等院校辅导员网络思政教育工作的开展，需要构建网络思政教育平台，构建线上、线下相结合的教育模式。辅导员应借助微信平台、微博平台、手机 App 等平台，向学生推送思政教育相关知识内容，潜移默化地激发学生的学习热情。曹老师通过文字、图片，甚至音乐、电台、视频与直播，用“接地气”的方式做辅导员工作，为众多的 00 后大学生指点迷津的。通过线上教育和线下教育相结合，提高思政教育工作的实效性，有效激发了学生的学习热情与积极性。

3. 对策、建议及反思

（1）就现阶段我国高等学校的学生组成来看，00 后学生占据了绝大多数，而作为网络时代的原住民，其生长的环境是随着网络技术的日新月异而不断发展的。同时由于其正处于喜欢接受新鲜事物的时代，在这个价值多元化、信息复杂化的网络社会，高校思政工作所面临的问题也是多种多样的。因此，高校思政工作必须通过借助网络新媒体，拓宽传播渠道，开拓传播覆盖面。

（2）网络是虚拟的，生活是真实的。面对网络的虚实，高校思想政治工作者应当既不避“实”，也要就“虚”，与时俱进，更新思想观念，拓宽思想教育的渠道，充分利用网络资源对大学生进行教育管理，及时加固工作中的薄弱环节，把握好网络这一工作载体，拓展思想政治工作的空间，选择网上一些非正式场合开展思政教育工作的机会，把大学生的思想政治工作做深、做细。

（曹卢　汽车学院）

防止校园网络失范的“雪崩式”发展

——如何加强学生网络素养教育，引导树立正确的“网络价值观”，规范网络行为

【案例介绍】

同学 A 平时很喜欢上网，网络表现活跃，不时发表个性言论，与现实中沉默寡言的形象大相径庭。某次，该同学参加了学校的一个境外实践项目，由于住宿期间打网络游戏等个人问题，影响同学 B 休息，双方发生了口角摩擦，致使同学 B 轻伤，A 因此受到了处分，双方各执一词，很不愉快。同学 A 认为这属于个人隐私，且归因为项目安排问题，事后他又查看了许多关于校园纠纷的网络文章，越想越觉得自己委屈，于是通过微博、知乎等媒体引发话题，使用自己的自媒体公众号，转发到朋友圈及微信群里，将事件夸大描述。同时跟平时关注的几个大 V 号联络，接受所谓的“媒体”采访。其中有假冒记者的账号不断煽动该同学继续造成舆论压力，引发进一步矛盾。

【关键词】网络失范，网络道德教育

【案例解读】

本案例中，该生在整个事件过程中体现出的网络特性、行为，在高校大学生群体中有一定的普遍代表性：①网络成瘾，平时花费了大量时间在虚拟网络上，较低的自我控制能力，不能自觉掌握量和度；②过分依赖和信任网络，牺牲个人社交取代现实生活；③缺乏批判性解读信息能力，无法对接触信息进行二次鉴别；④没有坚定的立场和正确的网络价值观，集体意识淡薄，不在意负面影响或认识不到产生的后果，网络行为与自己的学生身份不符。

同时也反映出一些深层次的行为原因。例如：该生没有进一步与老师、同学反馈想法，反而跟网上不了解情况的网友进行深入探讨，希望寻求媒介渠道发泄，作为调解心理问题和缓和事件的唯一办法，甚至认为部分信息依靠网络匿名就不必为传播内容负责，想造成舆论压力使学校改变处分结果，从而产生不理智的网络行为。

1. 工作难点

（1）受多元文化冲击影响，学生判断形势、明辨是非能力较弱，一旦发生不理智网络

行为或被利用，造成的舆论影响就很难在短时间内平复，将对个人和学校产生不可低估的负面影响。

（2）网络价值观不端正不仅反映了网络素养低下和行为失范问题，还涉及学生在整个教育过程中的培养效果、个性心理等复杂问题，导致网络思想政治工作更难监测、更难管理、更难预后。

2. 具体措施

（1）辅导员要高度敏感，结合学生素养特性进行预测分析，做好防范预案。及时关注可能存在网络失范问题的潜在学生人群，当该生因使用网络而表现出人际交往能力衰退，无法管理自己的时间，对实际生活环境感到紧张，具有焦虑、自我、敏感、孤独等特性时，就需要关注他的网络动态。如缺乏自律批判素养、互动创新素养、安全道德素养很有可能导致冲动控制障碍，失范行为随即表现在语言、行为、价值观和思维方式等方面。依据受众研究中的“使用与满足”动机分析，通过了解学生从网络获取特定信息是为了解决个人在现实生活中的何种问题，进一步询问学生的具体诉求，亲切开导他们面临的困惑、实际处理遇到的困难。注意避免因缺乏同等对话的网络语境与技能而被学生拒之门外。

（2）分析事件发生信息传播的全过程，减少不实信息干扰。信息传播的基本过程包含传播者、受传者、讯息、媒介、反馈五个要素，还会受到内外各种障碍因素对讯息的干扰。因此，在特定的社会文化环境——校园范畴内，分析学生获取网络信息主要来源渠道，掌握其对所接触的信息反馈评价，是对学生网络行为监测的有效手段。过程干预方法包括：充当“把关人”角色，将事实信息挑选出来，帮助该生免受来自别有用心之人的“噪声”信息鼓动。一般来说，信源的可信性对信息的短期效果具有极为重要的影响，面对较难寻找信息来源的内容，最终起决定作用的是内容本身的说服力，掌握这一准则就能很好地理性判断所获得的信息内容是否值得信赖。此外，可以掌握时机适当进行“议程设置”，注重在潜移默化中培养学生网络道德情操。

（3）结合警示教育，预防网络失范行为的发生。在贾尼斯“恐惧诉求”方法的运用方面，国外甚至有学生因在博客上发表了诋毁学校的言论而被开除的案例。这对国内大多数高校而言，是较为严重的处罚。依据实验学说“认知不协和理论”，惩罚过重或过轻都会效果不佳，中度的惩罚对促成态度的转变最为有效。以同济大学为例，根据《同济大学学生违反校纪校规处分规定》中涉及对违反国家和学校使用网络有关规定，将混淆视听、煽动闹事等事项列入其中，给予相应处分。该生在接受打架闹事的处分后，由于不了解学校相关规定，又产生新的处罚结果，导致恶性循环。高校相关纪律处分条例的颁布对网络行为进行了一定的约束，也要进一步宣传这些政策，对学生进行提醒教育。

（4）在已经存在网络行为失范的情况下，制止衍生为学生群体行为。尊重个人隐私和网络表达是学生的权利，但若存在网络暴力或制造反动、虚假言论，则需要马上予以制止。

同时，高校思政队伍应给问题学生营造共同的意义空间进行互动，在心理上与学生站定统一战线展开对话，发动家长、同学一起帮忙解决实际困难，必要时求助心理专家共同劝服，着重培养学生受挫能力，给他们改过的机会。此外，若学生行为引发舆情事件，作为辅导员应该具备一定的公关知识，及时将情况反馈给学校宣传部备案，启动后续工作流程，以免陷入被动。

3. 对策、建议及反思

（1）当代大学生已经具备一定的网络素养知识和技能，通过积极引导，有很大潜力能正确掌控自己的媒介行为，因此要善于找到适合学生个体的工作方法，不能全盘否定或悲观消极。

（2）在营造健康网络环境方面，高校应增强校园媒体吸引力。搭建校内线上交流平台，鼓励学生正确使用有效媒介沟通，形成有问必答的交流模式，注重线下疏导。结合大数据监测技术手段维护网络安全，设立可量化评价标准，给予学生个别指导和专项服务。

（3）高度重视网络道德教育，加强网络法制宣传和规章教育。以失范行为案例警示学生，诉诸理性与情感，要求其自觉树立网络文明责任意识。

总之，网络思政需要高校全员参与，各部门齐抓共管，致力于通过完整的网络教育传播过程，不断促成学生良好网络素养的养成，最终内化到个人网络自律行为中。

（余宙　中意学院）

第七章　危机事件应对

寻找神秘失踪的学生

——如何应对学生离校出走或失踪事件

【案例介绍】

开学第一天，常同学的室友打电话向班主任汇报常同学尚未回寝室且未上课，手机也无人接听。经查寝室值班记录，常同学在返校当天下午离开后就再无记录。在跟她本人联系未果后，班主任联系她家长前来学校商议此事。众人多方联系常同学，但都无果。几天后，常同学回复说在深圳游玩，摔断了腿，刚把手机修好，目前她的状态很好，不需要学院及家长提供帮助，她要求其父亲回家后才会返校。此后学院多次主动联系常同学均失败，直到其父亲告知学院，孩子出院结账需要汇款 3000 元。汇款没过多久，常同学回复请学院和家长放心，声称会尽快返校，与此同时班主任也做好相应的准备工作，但她迟迟未归。

学院渐感事情有些蹊跷，决定根据常同学所提供的信息进行排查，由学院辅导员与她父亲前去深圳寻找，并在学校保卫处、上海市文保局及深圳市公安局多方共同协助下，确认其并不在深圳。随后又通过汇款和取钱方式，查到其在安徽宿州某支行上取过钱，立刻前去调查，但也没有线索。几天后，常父亲说孩子有个高中同学在安徽宿州被传销骗去后解救。于是，学院马上联系这个学生，尝试收集更多信息。通过与常同学父亲、班主任、被解救的学生的家长沟通及各处寻找信息，可以确认常同学参加了传销组织。她在被解救后，没有及时返校，还骗取高中多位同学的钱财，并利用同济大学在宿州建立的研究基地来引诱其他同学参加传销组织。

【关键词】失踪，传销

【案例解读】

本案例中，常同学离校出走，看似是一个偶发、突发的事件，其实，在平时的学习、生活中有明显的特征和征兆。因此，处理此类事件的根本在于及时启动类似事件的应急预案，以合法、合理、合情为原则，积极应对，妥善处理。此外，从表象上看，常同学犯了错，需要处置，但是本质上这件事反映了这部分学生出现的心理问题，比如缺乏责任心、面对问题选择逃避现实、逃避责任等。从根本上来说，学生离校出走或失踪，最终还是需要进行心理辅导，打开心结，解决问题。

1. 工作难点

分析本案例，主要存在以下工作难点：

一是正常开学，正常排查，学生正常请假。如何去发现学生出现异常？

二是出现情况，如何有效运用相关资源进行研判？

三是最后结果如何处理，解救学生后如何培养和教育？

2. 具体措施

根据上述分析，学院采取了以下应对措施：

一是得知常同学未按时注册后，立刻通过电话、短信、QQ 等方式联系学生，并通过联系其室友、查看寝室登记记录表等方式打听常同学的情况。

二是及时联系常同学家长。在通过各种渠道联系学生未果后及时联系常同学家长，并与学生家长保持密切联系，及时掌握学生动态。

三是上报学院领导及学校。常同学离校未报到事件已经超出辅导员本人的掌控范围，应立即将事件上报学院领导及学校相关部门，取得更多的指导，例如在寻找学生过程中，在学院分管领导、学校保卫处老师等力量的全力帮助和支持下，同家长一起寻找学生。此时事件已经升级为学校行为，在学校、学院的帮助下可以采取更规范的措施。

四是动用警方力量及其他社会资源全力寻找学生。在学校和学院多次努力寻找依旧未果时，需要动用社会资源一起寻找。于是学院在上海市警方、深圳市警方、安徽省警方、学生原高中学校等各方资源的共同帮助下，基本确定学生参加了传销组织。

学院前后多次接触并对学生进行良性引导及劝告，但学生一次次拒绝，还依然坚持参加传销，给当地和周边学生、亲人带来极大隐患。根据《学生管理手册》等文件中的相关规定，常同学通过教育引导仍不知悔改，学院提出以劝解的方式跟家长和学生进行沟通，劝其退学。该决定取得了学生和家长的理解，学生同意申请退学，并在案发现场，由家长直接从派出所带回老家。随后，学院返回学校帮其办理相关手续。

3. 对策、建议及反思

目前，高校学生离校出走或者失踪案件屡见不鲜。面对这类情况，我们需要注意以下几点：

一是启动预案程序处理。对于学生离校出走或者失踪事件，辅导员在得知消息后要及时启动预案，包括查看学生在校记录、进行事实确认、尽快联系家长、判断事件原因、领导汇报等。同时要判断危机事件的性质，例如学生是否因网瘾、厌学、情感问题、同学关系、陷入传销等离开学校。

二是及时联系家长。辅导员在与学生家长取得联系后，建议快速沟通，配合家长与学生进行沟通联系，及时跟进事态发展，共同寻找学生。

三是事件上报学校。对于学生危机事件，当事态发展超出辅导员个人能力掌控范围时，要将事件详情上报学校和学院领导。例如：学生陷入传销组织或长时间失联，要及时上报学校；家长请求一同寻找学生，此时外出寻找学生的行为已经升级为学校行为，要将事件经过上报学校，根据学校预案采取及时、有效、规范的措施。

四是取得警方协助。经过学校、家长及身边接触者的共同努力，仍然未联系到学生，此时应第一时间报警，与警方保持密切联系并配合警方进行联系和营救。辅导员在危机处理中不可以单独行动，以免自身安全受到威胁。

从目前高校发生的多起学生离校出走或者失踪案例事件来看，在校学生离校出走的原因有内部的也有外部的，具体诱因和直接导火线各不相同，有的因为沉迷网络游戏，有的因为失联，有的因为与同学发生矛盾，有的因为被传销，有的因为考试失败。从根本上来看，离校出走或者失踪暴露了大学生自身的人格和心理危机，而危机背后是家庭教育、学校教育、社会教育等诸多问题长期积累的结果，需要引起高度重视。总结处理策略为：学生出走，预防在先；一旦发生，积极处理。联系家长，建立联系；报告上级，取得支持。采集信息，追踪事件；以人为本，依法处理。总结经验，引起重视。

（陈荣　焦嘉欣　软件学院）

科学防控，健康你我

——如何应对高校公共卫生事件

【案例介绍】

某学院一本科生疑似患有肺结核，后确诊为浸润型肺结核，并住院治疗。院校立即启动应急预案，落实结核病防控措施，将与该生密切接触的学生单独隔离，其余接触学生密切跟踪，掌握实时身体状况，相应场所消毒，对密切接触学生 300 余名进行医学检查，并开展科普宣传教育等工作。最终共有四名学生被确诊为肺结核，分别为该生及其两名室友、隔壁宿舍一名同学。

四名确诊学生由辅导员一对一开展各项工作：协助办理出入院、休学等手续；积极与家长沟通治疗与学业等相关事宜；关注学生心理状况，帮助缓解焦虑、恐惧等情绪；为经济困难学生申请并发放临时困难补助；治疗结束后，协助学生返回家中休养，并定期关注学生身体及学业状况；休学结束后，协助学生完成复学、医疗费用报销等工作。

【关键词】肺结核，传染，防控

【案例解读】

结核病是由结核杆菌感染引起的一种慢性传染病，结核分枝杆菌进入人体后可直接侵犯肺部，引起咳嗽、咯血、低热等临床症状。此案例中的肺结核患者为在校大学生，且在教学过程中发病、确诊。

同时，高校人口密度大，流动性强，宿舍集体生活，彼此之间交往密切；大学生对传染病的自我防范意识不强，生活规律性不足，容易导致结核病等传染性疾病的流行性爆发。大学生心理状态较易起伏波动，容易引起心理上的恐慌和情绪上的负面反应，行为上也可能会出现一些不恰当的表现。高校公共卫生事件又极具敏感性和关注度，容易引发负面的网络舆论表达和传播，造成不良的社会影响。

在案例处理中，我们应当充分认识高校公共卫生类突发事件的特点，有效地加强高校应对突发公共卫生事件的防范管理机制，保障师生的生命健康安全，保证高校教学生活秩序及维护社会稳定。

1. 工作难点

以本案例为例，处理此次事件存在以下难点：

首先，疾病诊断时间偏长。结核病症状不明显，诊断时间长，易误诊。此案例中学生从疑似患有肺结核到最终确诊，经历了七天时间，对学校部署和推进防控措施在时间上造成延迟，增加疾病的扩散性和危害性。

其次，防控工作挑战大。此案例首例患者为在校本科生，涉及密切接触群体众多，涉及场所复杂。在后续防控工作中，对密切接触师生的排查、经济困难学生的资助、学生心理援助等工作所需投入的人力、精力和财力极大。

最后，后续跟踪管理时间长。此案例中四名患者确诊后，均办理了休学手续，出院后回家休养。辅导员在学生休学期间，保持定期沟通，了解学生的身体康复和后续学业安排。在身体康复后，协助办理复学手续、就医报销等工作。后续长期关注学生的身心健康、学业发展、经济帮扶等情况，以保障学生的成长与发展。

2. 具体措施

面对这些困难，学院积极应对，及时采取措施。

加强结核病防控工作的领导，建立健全防控体系。在此案例中，由学校党委统一领导，各学院、部门迅速响应，第一时间成立专项工作小组，系统联动，群防群控，很好地保证了学校师生的健康安全。

在获悉学生疑似患有结核病的信息后，学院第一时间以书面形式向学校学工部汇报相关具体事宜，学工部立即向学校党委汇报此事。校党委高度重视，由校党委副书记任专项工作小组组长，学工部部长及嘉定校区管委办主任担任副组长，校区管委办、学工部、本科生院、嘉定校区各学院、校医院、后勤宿管部等单位分管领导为小组成员，形成完整、灵敏的防控体系。

切实做好肺结核病例的早发现、早报告、早隔离、早治疗，防止疫情扩散蔓延。根据学校公共卫生类突发事件应急预案，有序开展防控工作。宿管科为疑似患者安排单独隔离宿舍，校医院对其宿舍及周边场所进行彻底消毒，学院对学生的治疗进行跟踪保障，并与其家长保持沟通。

一周后，学生被确诊为浸润型肺结核，并住院治疗。学院保障其住院治疗、休学等工作。宿管科为该生的其余三位室友安排单独隔离宿舍；校医院对宿舍及教室定期消毒，上报嘉定区疾控中心，做好密切接触者医学检查及疫苗接种事宜；学院迅速排查与该生一同上课、生活密切接触的师生名单，通知300余名师生分批次至校医院进行医学检查及疫苗接种；保卫处负责校区安全稳定管理。

做好登记管理工作，加强学生结核病健康教育。各学院及部门根据要求做好每日的追踪和记录工作，了解师生身体健康状况。校医院根据疾病流行情况，做好与疾控中心的汇报对接。治疗结束后，保障学生返回家中休养。复学后，持续关注学生学业及身心健康。校心理咨询中心开展心理干预，保障同学身心健康。学校通报基本情况及采取的措施，稳定师生员工的情绪，开展卫生宣传教育，提高预防与自我保护意识。

3. 对策、建议及反思

近年来，突发卫生事件屡有出现，学校作为防控重点单位，积极探索应对突发公共卫生事件的防范管理机制，形成传染疾病的防控工作对策。

建立健全防控体系。高校应成立相应防控组织机构，明确领导机制，建立多部门协同参与、密切配合的防控体系。制定和完善防控工作应急预案和工作方案，制定防控工作管理制度；加强学生因病缺课、请假等工作的管理，确保能及时发现疫情、启动预案，有效防控疫情的流行情况。

建立多样化健康教育模式。高校应将健康教育纳入教学计划，把重大传染疾病教育纳入通识教育。充分发挥学生社团作用，广泛地在校园内定期开展形式多样的传染病知识宣教活动。

建立防控长效机制。将传染病防控常态化管理，加强防控预案的演练，强化实战经验及应对能力。落实多部门联防机制，建立以校医院、后勤、院系、职能部门为预警范围的疫情报告网络，定期对监测人员进行培训，充分利用信息平台，做到监测全覆盖。

强化医疗救治单位的建设。校医院除承担基本医疗服务外，还负责传染病防控、健康教育及健康促进等公共卫生服务。应加强校医院设施、设备建设，重视医疗专业人才队伍建设，建构经验丰富的公共应急处置队伍。加强与上级定点医疗单位的沟通与合作，建立技术支援关系，确保有应急情况能及时会诊、抢救和转运。

（李红　汽车学院）

促“多方协调”平事件，抓“育人良机”助成才

——如何应对学生打架斗殴

【案例介绍】

黄同学来自东部山区某小镇，从小学到高中学习成绩一直特别优秀，是村里考出来的为数不多的重点大学学生。双双务农的父母对考取大学的小黄寄予厚望，希望他能努力改变家庭的现状。到了大学后，面对外界诱惑，黄同学沉迷游戏，最终留级。被编入新年级后黄同学再次陷入网络游戏，整天日夜颠倒，白天睡觉，晚上打游戏，活在虚拟的网络世界中，在校园现实生活中少有玩得好的朋友。同宿舍的同学对其晚上打游戏影响他人休息的行为很是不满，多次提出意见，希望他晚上不要打扰他人休息。

临近期末考试，黄同学因旷课较多复习困难，不敢与任何人交流，更加沉溺网络游戏。某日黄同学打游戏至凌晨 2 点，发出的声响造成室友张同学无法入睡。张同学遂向其投掷枕头表示不满，并要求黄同学有意控制动作并降低音量，黄同学答应。片刻后，室友张同学还是觉得毫无改善就下床辱骂了黄同学一顿，黄同学很是愤怒并动手还击，两人随即发生肢体冲突，张同学受伤较为严重。社区辅导员、宿管及时赶到现场处理此事并通知学院，张同学在另外两位室友的陪同下前往医院就医。事发后，学生保卫科和学生工作部对此事高度重视，立即联系派出所处理此事，辅导员陪同黄同学到派出所做笔录。公安鉴定为双方斗殴致使张同学轻伤，黄同学承担主要责任。同时，辅导员与双方父母取得联系，并就相关事件原委告诉父母，请双方家长到校协商解决方案。同时要求黄同学和张同学写出事情的起因、经过，对个人入学以来的行为做出深刻书面检讨。

在校方的协调下，双方家长友好地沟通交流并达成和解协议。最后学校决定给予黄同学记过处分。事后，学院给黄同学调换了宿舍，通过多方教育后黄同学改过自新，将主要精力放到学习上，逐渐融入正常的校园学习生活。

【关键词】打架斗殴，协调

【案例解读】

家境困难的学生在大学阶段面对的压力更大，也更容易选择逃避现实，案例中黄同学就是典型的例子。面对家庭、学业、社交等多方面的压力，他选择了沉迷网络虚拟世界。这类学生更容易受到网络上暴力场面和网络戾气等影响，平时情绪容易躁动不安，控制不

住自己的冲动。现在的学生大多是独生子女，自我意识较强，对集体生活的适应能力较差。案例中黄同学的个人不良习惯对室友造成了很大的影响，最后黄同学因为无法忍受辱骂动手打人，采用暴力的方式将事情恶化，造成了张同学轻伤。事情扩大到公安介入，学校还要做好双方家长的协调工作。

1. 具体措施

面对此类突发事件，我们应当迅速做到以下几点：

（1）现场控制。打架发生后，辅导员、班主任或附近的学校管理人员要第一时间到场，并控制局面。在平时班级班风建设中，要培养好班主任的“亲信”，及时了解学生状态，做到早预防，如果遇到紧急事件，要能让班主任、辅导员第一时间了解情况。如果现场有同学受伤（此案件中张同学受伤），则先安排人员将其送往医院及时治疗，并通知双方家长到校。情况严重的事件，应及时上报保卫科和学院领导，如需公安介入，则应积极配合。

（2）事件还原。在公安做完笔录后，将案件当事人黄同学和张同学带到办公室，分开询问事情经过，详细了解情况。谈话时，让学生明白态度决定一切。需要注意的是，学生在陈述事情经过时都会避重就轻，指责别人，掩饰自己，强调自己行为的合法性，谈话时要保持较高辨别能力，如果有公安介入，当以公安的事件定性为准。根据相关证据、证言，可以还原事情真相。

（3）批评教育。此案例由于公安介入，对于责任的划分以公安调查结论为主。然后根据学生所犯错误的轻重，报学生工作部给予一定的处罚，必要时给予处分。该案例中辅导员、班主任对黄同学无故旷课、深夜玩游戏、打架等行为进行教育，让黄同学审视自身行为，做出深刻检讨。对于此案例，辅导员、班主任建议其更换宿舍，换一个新的学习环境，树立新的校园目标。

（4）协调沟通。双方家长也是解决问题的核心要素。每个家庭都把孩子当作心头肉、掌中宝，孩子在学校受到不公正的待遇肯定使家长愤愤不平，学校作为中间方要起到协调沟通的作用，让双方家长心平气和地通过沟通解决问题。案例中张同学和黄同学的家长经过三次面对面的沟通，最后双方达成一致，由黄同学一方做出赔礼道歉，并赔偿经济损失。

（5）后续跟踪。对于受伤的同学一定要关注后续恢复情况，案例中张同学由于鼻梁骨骨折需要进行手术，辅导员、班主任要对其各方面表示关切，包括学习、生活、之后的校园生活，观察其有没有思想波动，要通过多渠道及时了解。对于黄同学要密切关注其思想动态，是否出现网瘾反复发作的情况，每周让他向老师进行口头汇报，鼓励他积极向上，好好表现，争取早日取消处分。

2. 对策、建议及反思

最终，该案例较为顺利地解决。我们从该类案例总结出以下经验：

（1）大学生从进校起应规范其行为习惯，并从核心价值观、大学生行为规范等层面对学生进行教育，加强班级向心力建设，最大化给班级同学搭建展现自我，广泛交友的平台。同时，抓好班风建设。良好的班风对克服消极因素具有一种无形的力量，能有效压制一些不符合学生身份的行为。班风建设可通过开展积极向上的活动来宣传校纪校规，也可以组织班规共创活动，让学生都参与到制订班规的行动中来，这样确保学生自觉遵守和执行规则，培养学生自我管理的能力。

（2）关注偏远地区同学。深层次了解有类似黄同学家庭背景以及过去经历的同学，尽可能帮助他们走出不适应大学生活的状态，引导他们树立远大的理想目标。针对该案例，辅导员此刻要逐步引导黄同学走出网络世界，把宝贵的时间用到无限的学习中来。

（3）发挥学生党员榜样的力量。苏霍姆林斯基说过："青少年的心灵是敏感的，它是为接受一切好的东西而敞开的。如果教师诱导青少年学习好的榜样，鼓励仿效一切好的行为，那么，青少年的所有缺点就会没有痛苦和创伤地、不觉难受地逐渐消失。"要充分利用大学生党员在社区、教学区宣传党员的先锋模范作用，形成"有困难，找党员"的风貌，也利于学校第一时间了解情况，把事情交给可靠的同学协助处理。

（严长征　土木工程学院）

唯快不破，功在平时
——如何应对学生突发性疾病

【案例介绍】

小王（女）平日饮食不规律，喜食冷饮，经常胃疼，但她并不重视。

在考试周的某日凌晨，小王突发急性胃痛，腹痛难忍，无法行走。早上 6 点，小王联系社管和社区辅导员，要求打 120 叫救护车。社区辅导员随即联系学院辅导员，告知小王的情况后，跟随救护车陪同小王至医院急诊室。同时，学院辅导员在接到电话后，及时联系学院分管学生工作的领导与学生的班主任，并及时赶到医院急诊室。

学院辅导员在赶到医院后陪同学生进行检查，在医生确诊其为急性肠胃炎后，及时联系学院分管学生工作的领导、学生班主任、学生家长，告知小王的身体情况。同时，了解到小王当日下午有考试，小王表示自己无法坚持完成考试，学院辅导员帮助联系学院教务办理缓考事宜。在小王输液的过程中，小王的男友赶到了输液室。学院辅导员嘱咐小王男友相关事宜后，回到办公室并随时与小王保持联系。

第二天，学院辅导员到宿舍看望小王，小王身体已经恢复，正在复习迎考。

【关键词】突发疾病

【案例解读】

“突发疾病”？

“意外受伤”？

该怎么办？这些真的都是突发、意外情况吗？

本案例中，小王一日三餐不规律，长期处在亚健康的状态，在面临考试周的高强度学习节奏与精神压力时，身体难免会出现各种各样的突发性疾病，尤其当处在身体虚弱、精神脆弱的状态时，会对疼痛变得愈加敏感与难以承受。大学生突发疾病，往往会对学生工作团队的应对能力产生很大考验。从突发性疾病的特点来看，其具有三个特征：一是不可预见性，学校与学生难以防范；二是紧急性极强，有很多疾病发生在夜里和人少的地方，隐蔽性强；三是后果很严重，往往会对生命造成很大的威胁。

1. 具体措施

对于学生工作团队来讲，需要稳步做好三个步骤：

（1）形势预判。在现场很难断定小王突发腹痛的真实病因及其病情的严重性与危机性，要求辅导员及时收集相关信息，切实了解发病的情况。这要求我们应当具备突发性疾病的急救能力，并且在平时就建立一支快速、可靠、有效的学生信息队伍。

（2）危机处置。在处置的过程中，要求辅导员具备良好的心理素质与抗压能力，必须沉着冷静，以最理性的思维去解决问题，保证现场局面的稳定。此外，需要辅导员及时联系到学生的紧急联系人，告知学生的情况，了解学生的既往病史，并与学院分管学生工作领导实时保持联系。

（3）事后跟踪。学生突发性疾病的后果或轻或重，案例中小王的病情较轻，但由于正值考试周，对学生考试造成了一定的影响。同时，宿舍楼内的学生中会出现恐慌，社交平台上出现不实甚至不良信息。如何做好善后是工作的重点和难点。

2. 对策、建议及反思

本次案例结束后，相关学生工作团队及时总结经验如下：

（1）突发性疾病是指在某一短促时间内出乎意料地发生，能造成人员伤亡或对人的生命和身心健康构成威胁，需要立即采取行动紧急救援和处理的疾病。突发性疾病由各种自然或人为原因引起，有两个重要因素不可忽视：一是大学生容易忽视平日出现的“小毛病”，二是大学生因缺少生活经验对突发性疾病的预防与应对能力相对薄弱。辅导员通常只能从学生平日表现中发现一些端倪，如果对每一位学生了解不够深入，则会大大影响突发疾病时的处理效果。

（2）建立学生信息管理与获取的制度。一是“功在平时”，辅导员需要在手机中常备学生本人、学生紧急联系人的联系方式，需要与学生所在的宿舍楼中的社区辅导员日常保持沟通、互通有无；二是“为快不破”，当有学生出现紧急疾病时，必须有同学要以最快的方式在最短的时间里通知老师。快速、可靠、有效的学生信息队伍的建立是学生与老师、学校之间的信息畅通的重要渠道，同时也可以增进学生与老师、学校之间的沟通和了解。

（3）建立学生突发性疾病的处理流程。对于处理学生突发性疾病，第一步应视学生状态，立即报告校医院或拨打 120。第二步就应把现场采集到的有效信息及时地给院系及学校相关部门的领导汇报，以便学校各部门制定行之有效的应对方案，保证整体应对措施具有针对性。第三步应与学生家长取得联系，告诉学生生病的情况。与学生家长联系不仅可以了解学生的既往病史，以便帮助医生就诊，另一方面，如果学生需要手术等还必须取得家长的同意，而且选择什么样的医院最好征得家长的意见。

（4）建立积极的善后处理保障机制。处理学生突发性疾病还有一系列后续工作需要完成，至少有以下三件事情需要处理。一是观察发病学生周围同学的反应与社交平台上流传的信息。一旦发生疾病，同学们内心一定会出现恐慌，需要辅导员给学生们打“安定剂”，在保护突发疾病的学生隐私的同时，做好周边学生的心理安抚工作，驱除他们心里的阴影，避免不实、不良信息在网络上流传甚至以讹传讹，让学生安心、放心、定心。二是要与学生干部、与家长协同配合，共同照顾学生。辅导员和同学尽最大努力帮助家长不仅可以使生病的同学得到更好的照顾，而且可以代表学校在很大程度上起到安慰家长的作用。三是要及时做好资助工作，避免学生因高额的医疗费用造成经济上的困难，并且帮助学生进行医疗保险理赔。

实际上，该类案例不仅对小王，而且应当对其他同学也起到警示作用。作为高校辅导员，为了更好地预防、应对这类突发事件，须牢记：

（1）对大学生要加强健康教育。在学生中普及健康与养生知识，养成规律、健康的生活饮食习惯，重视平日出现的健康隐患与身体发出的警告，及时就医，防患于未然。同时，要让学生了解一些常见突发性疾病的急救常识，这样不仅防止了情急之下的错误做法，还可能在第一时间准确施救，为生命打开一条绿色通道。

（2）对大学生要加强危机处置教育。当有学生突发疾病时，实际上每名在现场的师生都应该掌握一定的急救知识，按照操作流程应对危机，并且及时联系学院辅导员、老师，切不可盲目施救，不顾后果。一方面要普及危机基本知识、掌握应对危机的能力；另一方面要通过各种渠道、从案例分析到实践演练，整合多方力量做好突发危机教育。

（3）学生工作团队需要建立成熟、完备的突发情况处理机制。从事件发生开始，学院（校）就需要立即启动应急处置的方案，学院（校）成立专门队伍进行处置，涉及的部门和单位组成联合工作组，按照学生的特点分别开展有针对性的工作。在一定程度上，应急预案的完善往往直接影响后续的处置工作，需要学校多方面力量的支持。

（刘博　法学院）

停不下来的失窃
——如何应对学生宿舍内的失窃事件

【案例介绍】

小郑的家庭经济拮据，母亲在其幼年时过世，父亲再婚。小郑进入大学后，室友频繁更换，和同学的沟通很少。2018 年 4 月，小郑盗刷校园一卡通之事浮出水面。在辅导员和保卫处的批评教育下，小郑交代了在宿舍楼内顺走一卡通并盗刷的过程，同时递交了保证书。校保卫处认为，小郑多次盗刷，但数额较少，可能是贫困导致的不良行为。学院在核实情况后，随即给予其补助。两个月后，同样的情节再次上演。终于在 2019 年 4 月东窗事发，小郑盗窃宿舍楼内 iPad 等物品，涉案金额超过 4000 元，案件进入司法程序。小郑取保候审后，进行了心理治疗，并被诊断为冲动控制障碍。对此，受害同学感到焦虑和不公，要求宿舍楼装摄像头并对小郑进行处罚，小郑却希望得到谅解书而减少刑罚。与此同时，宿舍楼内的失窃还在继续发生。

【关键词】失窃，心理问题

【案例解读】

本案例中存在几组较为复杂的人物关系：一是小郑和受害同学。小郑希望得到谅解书，行为却缺乏诚意，而受害同学认为小郑没有悔过之意，还会继续偷窃。二是小郑、咨询师和辅导员。小郑频繁求助咨询师和辅导员，以帮助他获得谅解书；咨询师则以危机干预的角度，希望大家可以对小郑多一些理解；辅导员以管理的角度，希望能平衡几方的关系。三是受害同学和学院。受害同学的诉求是装摄像头和处罚小郑，但是学院只能按照程序来，这让他们感到焦虑和不公。四是学院、心理咨询中心和保卫处的不同职责导致不同的工作思路。而情（谅解之力）、理（对错之分）、法（司法程序）不断地把人物关系之间的张力推向高潮。

1. 工作难点

除了较为复杂的人物关系，案例中还同时存在以下四个难点：

（1）心理问题的识别

小郑偷窃行为的本质是病理性的还是道德性的，这是识别的难点。小郑的偷窃行为被发现了三次，由于家庭拮据，前两次在经保卫处教育和评估、辅导员告知家长并批评谈话后，被认定为道德问题。心理问题的早期识别是有难度的，需要一定的心理知识和敏锐性。但无论如何，心理干预可以先行。

（2）受害学生的安抚

学院组织了偷窃学生、受害学生、辅导员、副书记以及校心理中心的多方会谈。受害学生对小郑失去了信任，甚至是失望、愤怒。心理问题不是推卸责任的借口，更不是原谅的理由。他们对自己的同学充满信任，也曾给小郑坦白的机会，直至现在他们也想原谅小郑，但是他们害怕原谅会让小郑免于处罚，在此之后还会继续偷窃，甚至报复。事实证明多方会谈是有必要的：一是让受害者的情绪得以发泄；二是了解受害者的诉求；三是让受害者也能了解小郑频繁偷窃的心理情况和学院等学校各部门的态度。受害者的情绪需要被看见和重视，这是至关重要的一点。

（3）各系统合作的困难

部门系统间合作通畅是一件不容易的事。在本案例中，学生处、心理咨询中心、学院、保卫处在各自的工作职责上有不同的考量，这让彼此之间的工作产生一定的困扰。从心理的角度看，小郑是冲动控制障碍，他控制不住偷窃的行为。从法律的角度看，在司法程序中，犯罪嫌疑人所受的煎熬也是他的惩罚，心理咨询和治疗涉及的是司法矫正或者是犯罪改造心理学的问题。

（4）对学生诉求的恰当反馈

宿舍楼内频繁失窃，而犯罪嫌疑人具有偷窃癖这样的心理问题，这让受害学生感到不安。受害学生希望在宿舍楼安装监控，他们与宿管科、保卫处等部门沟通无果后，再向辅导员、学院学生工作负责人反映，得到的反馈是会向上级反映。建立安全友好的学生社区是学生大学期间最基本的需求，而宿舍公共区域安装监控并不是一件简单的事，各个部门形似推诿，但实则无奈。但是对于涉及工作范围外的诉求，如何正确处理和回应是工作中急需思考的。

2. 具体措施

面对这些困难，我们需要提前掌握、明确几点信息：

（1）冲动控制障碍指在过分强烈的欲望驱使下，采取某些不当行为，这些行为是社会规范所不容或给自己造成危害的，其行为目的仅仅在于获得自我心理的满足或解除精神上的紧张感。主要有以下五个特点：

① 患者知道这种行为是不好的，但难以控制；

② 行为没有任何明显的目的；

③ 在行为实施前，心情紧张或不快感越来越强烈；

④ 在行为实施过程中，病人可体验到如释重负般的快感或行为本身可给予患者极大的心理满足；

⑤ 反复发生，在发作的间歇期病人没有明显的精神障碍。

（2）校园危机事件中的系统工作。工作焦点不仅是案主，还要关注如何安抚学生周围重要关系人的焦虑，避免无效干预把局面弄得更乱；如何调动系统资源，集众人之力齐心协力，是辅导员需要学习和思考的。串联于案主问题相关的人员与单位、部门，形成共识目标，透过协调分工、持续追踪的合作过程，达成协商任务。本案例在举步维艰的情况下，进行了专业督导和多方会谈，终于有所成效。

（3）辅导员要本着公平原则，不仅要关注小郑的心理状况和人身安全，还要照顾受害者的情绪和诉求。要倾听受害学生的想法、诉求，与他们一道探讨可行性，找回宿舍的安全感和对同学和人的正确的信任感。

3. 对策、建议及反思

突发案例的解决，需要依靠专业素养，也同样取决于工作方法。通过本案例，我们需要明确，在遇到与心理问题相关的复杂案例时，应当坚持两个基本原则：

（1）协调法律与心理的矛盾。两者的调整范围不同的，法律是调整社会关系的行为规范，心理是指人内在符号活动梳理的过程和结果，心理咨询是指运用心理学的方法，对心理适应方面出现问题并企求解决问题的求询者提供心理援助的过程。在本案例中，受害同学的诉求是以有效的处罚来震慑小郑，以期待他调整之后的行为。心理咨询中心则是评估小郑的心理危机程度，以防悲剧的发生，从心理学的角度帮助小郑自我成长。保卫处的立场是在排除危机后，还是要尊重法律程序。对于学院来说，程序规范、危机干预、舆论导向同样重要。接踵而来的压力实则是法律与心理在实操中的矛盾显现。

（2）完善部门间系统合作。部门间如何有效合作？第一，需要一个有经验的、公平、理性的案例管理者。第二，管理者需要有团队，团队包括心理咨询中心、保卫处、警方等和案例相关的部门，团队之间需要信息互通，相互支持。在实际情况中，即使达到以上两点，具体实行时还是会出现许多困难。因为每个系统运作的规则、语言、文化等都有所不同。有效的分工也许能避免矛盾，譬如了解对方系统能提供什么，不能提供什么，避免专业竞争。在本案例中，缺少了能代表法律的一方，以便及时而权威地告知案件的进展，避免各方在信息不对称的状态下工作。

（李柳醒　建筑与城市规划学院）

隐患险于明火，防范胜于救灾

——如何应对突发火灾事件

【案例介绍】

某校于夏季发生了两起火灾事件，所幸未造成人员伤亡。

某年 5 月 23 日下午，本科生周某某违规在寝室楼阳台上吸烟，且未将烟头完全熄灭后随意丢弃在阳台角落，时值当天下午温度过高，且天气干燥，导致阳台上堆砌的废旧快递纸箱等可燃物被点燃。所幸周围寝室同学发现问题后先报了火警，随后通知该寝室学生，并共同消除了隐患。火警赶到现场后检查了现场情况，确认隐患已消除。

某年 6 月 16 日凌晨，有同学向宿舍楼值班室报告所在楼层有较大烟味，值班员立刻上楼巡视，随即发现该楼某寝室有问题，当即下楼切断电源，上报学校保卫处，拨打火警电话，并及时通知相关楼层学生转移到楼下。保卫处及时赶到宿舍楼使用灭火器、消防水管等成功灭火，火警赶到现场时确认隐患消除。由于宿舍内有较多木质物品和衣物等可燃物，灭火后房间内损坏严重。经保卫处调查，起火原因应为人离寝室时未断电，充电器发热引起周围纸张等易燃物燃烧。该宿舍为毕业生房间，所幸当晚无人入住，未造成人员伤亡。

【关键词】火灾，防范

【案例解读】

近年来，高校火灾频发。通过梳理发现，高校内火灾事件的发生地点较多集中于学生宿舍、学生实验室等。原因大多可归于以下几点：人离宿舍未断电，二次拖线，床上充电，电路老化，使用消防不合格的小电器、违规电器，宿舍内违规抽烟、使用蚊香，电器周围存在纸箱等可燃物品，实验室内违规存放、使用电器等。涉事学生往往存在麻痹大意和侥幸心理，消防安全意识不高，主观上不希望火灾事故发生，也不认为火灾事件会发生。但学生宿舍是人员密集的公共场所，人员较为集中，房间内可燃物较多，一旦发生火灾，后果不可想象，除财物损失外，还可能造成人员伤亡。案例一就属于学生宿舍内违规抽烟、随意丢弃烟头，加上阳台上堆放纸箱等可燃物，导致火灾；案例二则属于学生安全意识较低，人离宿舍未断电，电器空载发热引起火灾，公私财物都受到了较大损毁。

1. 工作难点与措施

面对此类案例，我们应先了解当前学生对火灾和消防安全的认识。

首先，学生消防安全意识淡薄，少数学生思想上没有防火安全这根弦。千里之堤，溃于蚁穴，消防安全的工作重点在于预防与防范。部分学生纪律与规矩意识不强，心存侥幸，罔顾学校宿舍管理规定与违纪处分规定，在宿舍内使用明火、抽烟或者电热炉等违规电器。因此，进一步加强学生安全防范意识教育、纪律与规矩意识教育尤为必要。学校可通过火灾事故案例宣传、火灾涉事学生违纪处分通报等形式开展相关宣传与警示教育。

其次，学生对于火灾中的防火救火知识了解、自我保护和救护能力相对不足。学生遇到火灾时往往手忙脚乱，这归因于平时消防知识了解较少、消防演练相对不足等，甚至以身犯险，盲目灭火或自救，带来人员伤亡危险，不会科学灭火自救。上海某高校宿舍内曾发生过一起严重的火灾事故，宿舍内学生通过跳楼自救，造成较大的人员伤亡。学生应该第一时间联系宿舍内值班员，并拨打火警电话，通过学校宿舍值班员、保卫处消防科等相对专业力量救火，同时如身处火场，应做好个人安全防护，向外求救并保护好自己。

在上述两起案例中，未造成人员伤亡的关键都在于学校消防队伍响应及时，从学生发现火灾到成功灭火，处置及时准确。学校消防设施完善，消防报警系统、消火栓、灭火器等配备完善，并定期维保，起到了灭火作用。同时，对于宿舍内相关学生的应急处置及时恰当，第一时间疏散学生，避免学生身处危险。学校在对相关涉事学生进行批评教育的同时，也进行了心理安抚与相应的资助工作，确保学生在校安心生活学习。

2. 对策、建议及反思

据统计，近五年来，全国共发生学生宿舍火灾高达 2314 起，平均每天都有学生宿舍着火，且都因用电用火不慎引发，用电问题是罪魁祸首！学生宿舍比较容易发生火灾，比如私自乱拉电源线路、违章使用大功率电器、使用电器无人看管、人走不断电、定时供电或因故障而停电引起火灾等。“隐患险于明火，防范胜于救灾，责任重于泰山。”实践证明，常见的电器设备引起的火灾，如果使用者了解必要的消防常识，提高消防意识，火灾是完全可以避免的。

因此，我们每一个人都要自觉遵守国家的法律法规和学校的各项规章制度，积极地预防，采取有效措施整改各种安全隐患，共同创建一个安全、稳定、和谐的学习和生活的环境。

与此同时，对于管理者来说，牢记以下“三条”很重要！

第一，消防安全无小事，是人命关天的大事。学校可将近年来部分高校宿舍用电、用火引起火灾的事故原因、案例及警示进行分类整理，开展相应的警示宣传教育，利于提高广大师生员工的消防安全意识，普及消防安全知识，增强消防安全技能，确保学校消防安全。

第二，加强学校消防软硬件建设。建立师生消防志愿者队伍，便于第一时间发现安全隐患，加强巡查，排除隐患，不定期对教室、学生宿舍、实验室的电源、易燃物的存放和用电用火安全情况进行巡查督导。当然学生志愿者的作用在于协助、发现、疏导等，不建议使用学生直接参与消防灭火。

第三，重申明确火灾事件的正确处置流程。发生火灾后，要第一时间迅速向消防部门和上级部门报告，请求专业力量的支援，并调动所有的力量积极参与灭火；同时及时组织学生撤离危险地带，送受伤学生到医院治疗；配合消防部门维持火灾现场秩序和做好取证工作；如有学生伤亡，要及时与伤亡学生的家长联系；并成立善后处置小组，负责相关事宜；迅速恢复学校的正常秩序。

（马通　学生处）

警钟长鸣！和实验室爆炸说再见

——如何应对实验室危险化学品事故

【案例介绍】

在 A 大学某个实验室里，有三名研究生（一名二年级研究生，两名一年级研究生）正在进行氧化石墨烯的实验。该实验涉及的化学试剂包括氧化石墨烯、高锰酸钾（强氧化性）、浓硫酸等。按照文献，该实验的部分实验步骤应为："将 2g 石墨粉加入 250ml 的烧杯中，加入 1g $NaNO_3$，缓慢加入 46ml 浓硫酸（烧杯置于冰水浴中），并搅拌均匀，搅拌情况下缓慢加入 6g $KMnO_4$，此过程温度不宜超过 20℃。5 分钟后撤去冰水浴，升温至 35℃维持 30 分钟……"上述实验过程可以分为三个阶段：低温共混、中温反应、高温反应与终止。这里值得注意的是，上述实验是一个自放热过程！

在该实验室中的场景是：三名未穿实验服、未戴护目镜的学生在进行上述实验。一名二年级研究生正在向两位低年级研究生进行实验教学示范：在一个敞口大锥形瓶中放入了 750 毫升的浓硫酸，并与石墨烯混合，接下来放入了一勺高锰酸钾（未称量）。在放入之前，示范的这位学生告诫另外两位学生"放入有可能有爆炸危险"。结果他话音刚落，爆炸就发生了。

事故造成了严重的后果，对三名学生面部、眼部都造成不同程度伤害，一名学生受轻微擦伤，经治疗后复学；另外两名学生主要伤害集中在面部，灼伤面积均在 5% 左右，眼部有不同程度受伤，其中一名学生眼部整体无大碍，另外一名学生接受了眼部手术。多么惨痛的教训！

【关键词】实验室，爆炸

【案例解读】

从案例描述中可以看出，三名学生实验过程中缺乏安全意识。首先没有穿实验服、戴护目镜这些基本防护，安全防范意识淡薄；其次对于实验试剂性质、实验特点了解不够深，对实验危险认识不足；最为严重的是，学生实验操作不规范！这是一切实验的大忌。在本实验中，这些不规范的防护、操作，以及化学安全意识的缺乏是造成最终损失的直接原因。

安全意识从何而来？

安全漏洞如何防范？

1. 工作难点

首先，安全教育入脑、入心难。化学、生物、环境等实验室安全教育是学校、学院工作的重点环节，是一把手工程，从学生入学、进实验室前、实验过程中都会有各种安全教育与考查，但是实验安全事件时有发生，究其原因，提升学生安全意识难以做到全体学生入脑、入心。

其次，安全检查实时化、常规化仍有不足。严格的检查可以提升操作者、受教育者的警觉度和安全意识，对于高校等育人单位，提高教育频率、检查频率，甚至惩戒力度，都是提升学生安全意识的有效方法。

最后，导师安全意识淡薄。从目前化学相关专业的安全事故来看，导师安全意识的淡薄也是造成危险的重要因素。高校、科研院所应加强对导师的教育，提高导师的责任意识。

2. 具体措施

针对当前隐患，学校应当瞄准着力点开展大学生安全教育。

实验室安全是安全教育的内容之一，与其他安全教育具有相通性，关键要有深刻的体验感，提高警觉度。课堂上教师单纯用语言讲氧化物爆炸、有毒气体泄漏等危险难以引起学生的共鸣，没有体验，难以建立警戒意识，所以大学生实验室安全教育可以借鉴国防安全教育、消防安全教育方式，可以引入情景化演习。如模拟爆炸现场逃生演习与一场化学试剂安全教育、规范操作教育相结合，在提高学生的体验感后，安全知识会更容易掌握并牢记。影像资料介绍也是安全教育的有效方式之一。除这些直接教育方式外，提高教育、检查频率，有效制定相关规章制度也是必要的。

（相波　生命科学与技术学院）

适应有道，留学有得
——如何应对学生在国外发生的突发事件

【案例介绍】

小谢同学来自农村，本科期间学习成绩优异，从外校获得直升研究生资格。他为自己制订了比较有挑战性的学习计划，为了弥补自己外语能力的不足，也为了将来可以更好地择业，小谢参加了研究生赴美留学一年的“合作培养项目”。

小谢根据本校研究生出国的相关管理规定，在导师的认可下，与同一项目的同学一同踏上了留学美国的路途。辅导员老师在同学临行前进行了相关的出国留学教育，并且安排了定期和老师联络的学生组长。

然而，在留学的半年之后，辅导员老师从学生组长那里了解到，小谢最近不太参加同学的聚会，在课堂上也经常不见他的踪影。辅导员意识到，这是一个必须关注并和小谢取得沟通的信号。

通过沟通，小谢承认自己遇到了没有预料到的学习困难。他的外语水平在学术交流中出现了短板，他无法用学术语言和同学们进行顺畅的交流，在做团队作业的时候，总是给团队成员“拖后腿”。在日常交往中，小谢也觉得无法融入当地的社会，美国同学喜欢的体育运动，例如篮球、橄榄球等，他也不擅长。同时，他也不适应美国的饮食，经常晚上不吃饭。目前的他，身体和学习状态都很糟糕，出现了厌食、自卑等不良的身体和心理反应。

【关键词】留学，不适应，文化休克

【案例解读】

该案例是中国留学生在国外留学期间，在适应留学国文化和学习环境的过程中，有可能会产生的“文化休克”现象。“文化休克”会给学生的旅居留学生活带来不利的影响，如不及时找到解决途径，就会给学生带来身心健康问题。该案例在境外学生危机事务的范畴里，具有一定的代表性。

1. 工作难点

这类学生在境外学习遇到严重影响身心的学习挫折感和“文化休克”现象，对于辅导员及时介入开展工作提出了挑战，难点主要体现在以下几点：

（1）可以取得留学资格的同学，往往被认为是积极的、优秀的学生。辅导员比较容易忽视对该类学生的持续关注，当问题出现的时候，往往具有突发的情境。

（2）辅导员需要了解留学国当地的文化，特别是合作培养院校的培养方案和相关学习模式等。当学生遇到困难时，辅导员可以给予其指导。

（3）由于在境外，辅导员无法进行面对面的交流，如何提高引导和沟通工作的有效性，整合更多的力量一起帮助学生渡过难关，需要辅导员具备较强的沟通和整合能力。

为了更有效地帮助学生解决问题，辅导员应掌握部分相关理论基础，如自我效能理论等。1986 年和 1987 年，心理学家班杜拉相继出版《思想和行为的社会基础：社会认知论》和《自我效能：控制的实施》，系统地论述了自我效能理论。班杜拉认为，人具有自我反思能力，能够通过自觉地调节和监控自己的行为，实现对生活和环境的控制。与自我效能感易受情境变化影响相比，自我效能信念更具稳定性，尤其是在压力或困难情境下，自我效能信念能稳定地预测乐观、坚持性和努力程度。关于跨文化适应理论，心理学领域的跨文化适应理论主要体现了心理学家对个体在跨文化适应过程中经历的情感、行为、认知变化的研究成果。跨文化接触中所经历的焦虑、抑郁、敌对等情绪（即“文化休克”），会给旅居者带来负面的、消极的影响。

2. 具体措施

基于此，我们主要采取以下五项措施：

（1）针对小谢在留学过程中的学习困境，根据自我效能理论，辅导员需要帮助小谢重新建立起自主学习的“自我效能”感。辅导员可以通过邮件、微信等方式鼓励小谢，在自我信念方面强化对自己的信心，增强内部学习的动力，树立迎难而上、接受挑战的信念。

（2）辅导员需要帮助小谢完成文化适应的过程。根据相关研究，大多数经历压力或焦虑的中国学生，其压力和焦虑来源于不同文化所形成的认知错位。辅导员可以用以往学生的相关案例或者最好是辅导员自己的亲身相关人生经历，引导小谢用积极的心理来进行文化的适应。

（3）由于学生在国外，辅导员无法亲自面对学生开展工作，辅导员需要整合国内外资源，帮助学生渡过难关。与学生接触比较紧密的同一留学项目的同学和组长，应该发挥朋辈指导作用；根据小谢的情况，辅导员需要适时将情况与小谢的导师进行沟通，导师可给予专业学习上的针对性指导；辅导员需要与留学国合作院校的相关负责老师取得联系，可根据合作协议，要求留学国合作院校承担起相应责任；辅导员还需要与相关的外事部门进行沟通，就有可能发生的意外情况进行预案备案。当然，辅导员还需要将小谢的情况，适时地与学生家长进行沟通。

（4）境外危机的预防比处理更重要。在出国之前，辅导员可通过面对面的沟通方式和学生进行交流。可针对有可能在国外留学期间学生遇到的问题，制作相关的案例手册发放给学生，提前把相关的经验、教训和应对之策教授给学生，以实现国外危机事件发生的“源头控制”。

（5）要重视“文化休克”现象，学术语言的专业培训、跨文化交流沟通技巧的习得、积极心理的建设、对文化差异的先期了解等，可以在一定程度上缓解甚至避免“文化休克”的发生。

（陈迅　经济与管理学院）

揭秘校园“思想骚扰”

——如何应对校园违法传教行为

【案例介绍】

2016 年 5 月的一个中午，某高校一位教师在餐厅就餐时，听到同一餐桌上两位同学的一场简短对话。

甲同学：“同学，你对我们国家的历史感兴趣吗？”

乙同学：“还可以。”

甲同学：“那你对我们国家哪个朝代的历史比较感兴趣？为什么？”

乙同学：“唐朝吧。因为唐朝比较强盛，社会比较安定。”

甲同学：“嗯，确实是。除此之外，唐朝社会从上到下都比较信奉佛教，你信佛吗？”

乙同学：“了解一些吧。不信。”

甲同学：“那基督教你了解吗？我们今晚有一个青年聚会，你有兴趣来了解一下吗？”

乙同学：“不太了解。我吃好了，先走了。”

这位教师留了个心眼，将两人的对话偷偷录了音，并拍了照。乙同学离开后，这位老师对甲同学说：“同学，国家规定学校校园里是不可以信教和传教的，你应该清楚这个规定吧？” 甲同学感觉问话的是一位老师，便端着餐盘慌乱地跑开了。随后，这位老师将所拍的照片和录音报给了保卫处。保卫处经过调查，确认了甲同学的身份，并和学院辅导员对该同学进行了严肃的批评教育，还通过这位同学掌握了其他几位信教同学的情况，纠正了这些同学校园传教的错误行为。

【关键词】传教，违法

【案例解读】

近年来，境外宗教势力为争夺思想阵地和青年学生，把高校作为渗透的重要阵地，通过一些境外传教士和高校境外信教师生，利用多种方式和途径，进行非法宗教活动，成为影响师生信仰和危害高校政治稳定的潜在因素。大学时代是大学生“三观”及信仰形成的重要时期，稍有不慎，宗教组织便有机可乘。

“同学，请问你信教吗？”

“同学，我可以加你联系方式吗？”

“同学们，我们是互帮互助的有爱组织。”

这些看似轻松的简单对话，已经成为一些校园传教人员的惯用套路。案例中，甲同学正是在参加所谓的青年聚会中开始接触基督教，后来经常参加此类活动，成为一名信徒，并在各种场合向接触到的同学进行传教的。从案例中也可以看出，甲同学的传教过程很注重方式方法，尝试从对方感兴趣的话题入手，拉近彼此间的距离，引导参加相关活动，进而达到传教的目的。

如何警惕、如何拒绝、如何抵御和防范？面对此类校园“思想骚扰”，我们该怎么办？

1. 工作难点与措施

第一步，分析应对难点。

（1）信教行为隐蔽，难以发现。西方敌对势力传教方式越来越隐蔽，案例中甲同学是从什么渠道接触基督教的？什么时候开始信教的？什么时候开始成为忠实的信徒的？这些都未能从平时的学生工作中获知，这也说明一些同学信教的行为日趋隐蔽化，在宿舍同学面前掩饰自己的信教行为，在辅导员和班主任面前掩饰自己的信教行为。这为我们的工作进一步做深做细提出了更高的要求。

（2）传教场合多样难以防范。案例中甲同学利用在学生餐厅就餐的机会，与坐在对面的同学套近乎，试图向对方介绍基督教的有关情况，吸引对方加入信奉基督教的群体，虽然被同学拒绝了，但这也说明传教的同学不仅仅局限在餐厅这样的场合，还会利用学生社区、操场、自修教室、图书馆等许多场所对接触的同学进行试探，进而达到传教的目的。这为我们工作防范也带来了较大的难度。

（3）信教主体思想难以转化。信教从根本上来说是思想认同问题。一些宗教信徒开始信奉宗教后，思想上往往容易固化，世界观、人生观、价值观会发生明显的变化，难以再接受其他的思想引导。案例中甲同学信奉基督教有一定时间了，在保卫人员和辅导员做批评教育工作的时候，该同学开始还有一定抵触心理，认为这是自己的自由。这说明我们在做信教同学思想转化工作时要有长期工作的准备。

（4）信教处理尺度难以把握。大学生是国家的希望和未来。大学生信教有这样那样的原因，但总体上还是处在思想观念不够稳定的一个时期。面对这样的学生，我们一方面要向信教的同学讲清楚国家关于宗教的法律法规和学校的规章制度，对他们进行严厉批评，甚至给予处分，另一方面我们更要从正面教育引导和帮助改正的角度，下大力气改变他们的错误思想观念，避免把他们推到对立面。

第二步，明确底线原则。

《中华人民共和国宪法》第三十六条规定：宗教活动不得妨碍国家教育制度。高校是进行教学与科研活动的场所，任何人在校园内传教都是非法的，这既违背了国家教育制度，又超出了法律规定的宗教活动范围。

党的十九大报告指出，宗教工作本质上是群众工作。现在，宗教活动场所和信教群众数量增长很快。我们对这个问题要慎重对待。我国宪法法律保障公民信仰宗教的权利，但必须警惕宗教渗透的危险，警惕带有政治意图的宗教诉求。要全面贯彻党的宗教信仰自由政策，依法管理宗教事务，坚持独立自主自办原则，积极引导宗教与社会主义社会相适应。这四句话是一个有机整体，前三句话讲的是重大政策和原则，最后一句讲的是根本方向和目的，是工作的重点。

《中华人民共和国教育法》第八条规定：教育活动必须符合国家和社会公共利益。国家实行教育与宗教相分离。任何组织和个人不得利用宗教进行妨碍国家教育制度的活动。

《普通高等学校学生管理规定》第四十三条规定：任何组织和个人不得在学校进行宗教活动。

《宗教事务条例》第四十条规定：信教公民的集体宗教活动，一般应当在宗教活动场所内举行，由宗教活动场所、宗教团体或者宗教院校组织，由宗教教职人员或者符合本宗教规定的其他人员主持，按照教义教规进行。

《学生手册》规定：不准在校园中进行宗教活动，不准参与任何境外组织或个人组织的宗教活动，不准利用宗教进行妨碍国家教育制度的活动，不准强迫他人参加宗教活动，不准利用互联网进行破坏民族团结和国家宗教政策的活动，共产党员、共青团员不准信仰宗教。

第三步，制定应对措施。

一是积极建章立制。在《学生手册》中明确不准在校园中进行宗教活动，不准参与任何境外组织或个人组织的宗教活动，不准利用宗教进行妨碍国家教育制度的活动，不准强迫他人参加宗教活动，不准利用互联网进行破坏民族团结和国家宗教政策的活动，共产党员、共青团员不准信仰宗教。

二是加强正面教育。充分利用新生入学教育周契机，通过“开学第一课”向学生宣传党和国家的宗教政策，明确行为底线。利用主题班会、主题党日、主题团日等载体，加强大学生世界观、人生观和价值观培养，引导树立正确的“三观”，提高辨别是非的能力。

三是提高发现能力。在党团组织、学生社团、班级中培养一些思想积极、有大局观、老师信赖的学生干部，通过他们关注身边同学信教的“蛛丝马迹”，对与打着宗教旗号进行违法犯罪活动的网站，及时向有关部门举报，把信教传教行为消除在萌芽状态。

四是健全处置机制。学校、学院层面建立宗教突发事件应急预案，明确相关部门和人员工作职责。传教行为发生后，及时拨打校内保卫部门电话或者向本院系领导、老师报告，及时采取措施进行处理，做好追踪和监控，将影响和危害降低到最小程度。

2. 对策、建议及反思

高校是进行教学与科研活动的场所，任何人在校园内传教都是非法的，这既违背了国家教育制度，又超出了法律规定的宗教活动范围。我们应该时刻保持清醒的头脑和政治警觉性，学会识别并警惕非法传教，引导学生不参与任何形式的非法传教活动，对不法宗教势力渗透说“不”。同时，还要防止一些不法分子通过讲学、学术研究、文化交流等渠道进行各种宗教渗透活动，以防陷入反动宗教组织的陷阱而不能自拔。此外，我们既不能神经过敏，将其无限扩大化，把宗教人士和信教群众视为异己力量，也不能对宗教渗透的消极影响视而不见或放任自流。

（杨秋华　法学院）

居安思“危”，防患未然

——如何应对恐怖危机事件

【案例介绍】

某日，小张同学（男）和小李（女）同学午饭后在校园散步，两人有说有笑，走到校园的小花园坐了下来。突然侧方蹿出来一个人影向他们所在的方向奔过来，还没有等他们反应过来，小张一身惨叫倒在了血泊之中，小李连忙呼救，附近的学生见此情形立即拨打 110 和 120，随后周边的师生和保安一起制服了该歹徒。事件造成了一死多人受伤的悲剧，小张同学因流血过多当场死亡，另外多名协助制服歹徒的同学在搏斗中受伤。

经事后了解，该歹徒小王系小李同班同学，平时为人谦和，比较内向。小李在跟小张谈恋爱前曾经与小王交往过一段时间，但由于两人性格的差异，不久就因性格不合分手了。分手后小王一直忘不了小李，经常骚扰和尾随小李，严重干扰小李的生活。小李曾向学校老师和保卫处多次反映此情况，辅导员也多次教育和开导过小王，但小王性格比较孤僻，不愿意多跟别人交流。保卫处工作人员曾将他叫到保卫处进行警告，但效果不佳。出事前，小王约小李一起午餐，小李称已有安排回绝了他，两人在电话里吵了半天，小王说：“我今天就是要见你，否则你就等着吧。”小李也没有当回事，中午就约了男朋友小张一起吃饭，随后就发生了惨剧。

案件过程中，现场一度混乱。歹徒举着菜刀追赶着受害人小张，过程中引来了很多同学的围观，直到小张倒在血泊中才有一些胆大的同学和保安上前制止。在制止过程中，众人找不到重点，没有经验，任由歹徒挥着菜刀乱砍，造成了多人受伤。倒在血泊中的小张虽有学生照顾，但大家缺少急救经验，随意搬动，造成了因大动脉失血过多而死亡。

【关键词】恐怖事件，人员伤亡

【案例解读】

校园发生恐怖危机事件，往往没有任何征兆。从危机事件的性质来看，具有三个特征：一是不可预见性，学校难以防范；二是临时起意，隐蔽性强；三是造成的后果很严重，往往会给人的生命造成很大的威胁。本案例符合全部特征。案例中，小王平时沉默寡言，少与人交流，事后承认当时是一时冲动，脑子里只有小李，前面约小李见面，小李不同意，随后在路上看到小李和小张在一起有说有笑，怒火中烧，失去理智，直接从宿舍取来刀具追过去就砍。

1. 工作难点

以本案例为分析对象，我们不难发现此类突发事件具有以下三项工作难点：

（1）形势预判。小王在如此“冲动”前实际上是对小李威胁过的，但被小李忽视了。小王前面的尾随也没有得到小李的足够重视，辅导员和保卫处工作也没有找到很好的方法，或者说方法简单粗糙。老师和同学们也都忽视了对小王的心理教育和心理疏导。

（2）危机处置。事件发生后，学校校医和保卫处的人员都第一时间赶到现场，但歹徒失去理智，制服过程中出现了多人被砍伤的情况。在 110 民警赶到现场后，局势得到了有效控制。但在过程中，小张身上多处被刺伤，流血不止，现场混乱，校医虽尽力抢救，但由于前面搬动造成大动脉失血不止，无力回天。120 赶到现场时，小张已永远离开了人世。

（3）善后处置。事件造成一死多伤的惨剧，一定程度上对校园稳定造成了较大的影响。网上出现多条不良信息，也引起一部分学生的恐慌。如何做好善后是工作的重点和难点。

2. 具体措施

形势预判、危机处置、善后处置，这三项既是难点，也是重点，在有效应对这类事件的过程中，我们必须了解：

（1）校园恐怖危机事件和其他危机事件有共性，也有个性特点。此类事件，危害性大，突发性和紧急性强，其转化性和不确定性明显，需要相当强的危机应对能力。随着高校管理方式的社会化，校园与社会相互交叉、相互渗透趋势愈发明显，一部分人将内心的怨气以极端的方式发泄，制造爆炸、投毒等案件在校园时有发生。

（2）恐怖危机事件的管理。恐怖危机事件发生后，涉及预防、应对、善后等多个阶段的各个方面，需要协调的关系复杂，面对的形势严峻，仅仅依靠危机事件处置人的个人经验是不够的，需要具备较强的心理素质、知识水平和管理技能等多方面能力。

（3）恐怖危机事件的预案。从事件发生开始，学校就需要立即启动应急处置的方案。学校成立专门队伍进行处置，涉及的部门和单位组成联合工作组，按照学生的特点分别开展有针对性的工作。在一定程度上，应急预案的完善往往直接影响后续的处置工作，需要学校多方面力量的支持。

3. 对策、建议及反思

“血”的教训就在眼前，未来，我们要更加严格管控、严加防范。

首先，对大学生要加强情感教育，情感挫折教育尤为重要。随着年龄的逐渐增长，大学生对感情的认识也逐渐由朦胧、肤浅转向理性、成熟，但大学生在学习期间的恋爱，往往理性不足，冲动有余。没有处理好情感问题，就容易造成一系列的感情危机。案件中小王失恋后不能很好调整自己，一直从这份情感中走不出来。大学的情感教育一直是比较缺失的，学生离开家庭后，独立生活，有些学生不能很好面对情感问题，容易走极端。大学生开展情感挫折教育十分必要。

其次，对大学生要开展安全教育，教育引导大学生积极应对危机。大学生要具备一定的危机意识，在危机来临之际，要在保护自己的前提下去保障他人的安全。案件中许多同学受伤，一方面，救助同学的精神值得肯定；另一方面，一定要学会保护自己。

最后，对大学生要开展危机处置教育。在遇到相应的校园恐怖危机时，实际上每名在现场的师生都应掌握一定的急救知识，按照操作流程应对危机，切不可盲目施救，不顾后果。从案例中了解到，在现场的学生参与救治小张的过程中，由于缺乏专业的急救知识，随意搬动，造成小张的大动脉出血不止，从而失去了一条生命。在危机教育中，一方面，要普及危机基本知识、掌握应对危机的能力；另一方面，要通过各种渠道，从案例分析到实践演练，整合多方力量做好学校危机处置教育。

（徐纪平　学生处）